자녀교육 지침서

엄마가 알려주는

성교육 아동심리

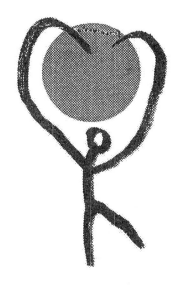

차례

제1부

엄마에게 알리고 싶은 아동 성교육

기다리고 바라는 것 ························· 11
   1. 정신과 신체와의 상관 관계 — 12
   2. 임신을 어떻게 즐겁게 맞이할까 하는 마음가짐의 원근(遠近) 결과 — 14
   3. 부부 사이가 어린애에게 끼치는 영향 — 20
   4. 가족 구성이 아동의 성격에 미치는 영향 — 24
아동 심리의 동태 ························· 26
   1. 강한 생존 의욕 — 26
   2. 활동의 필요 — 27
   3. 강한 호기심 — 28
   4. 즐거움을 구하고 고통을 피한다 — 30
   5. 사랑을 받고 싶어하는 심리 — 31
   6. 움트는 자신감 — 33
   7. 자기 본위 — 36
아동 성격의 구성 요소 ························· 41
   1. 유전 — 42
   2. 가정과 학교의 환경 — 45
   3. 자기 의식 — 53
세계 발견으로 ························· 57

제2부

엄마에게 알리고 싶은 아동 심리

인생 안내의 의무 ………………………………… 79

누가 인도하는가………………………………… 83

언제 말을 하는가 ………………………………… 89

어떻게 인도해야 좋은가 ………………………… 97

일반적인 권고 …………………………………… 101

구체적으로 얘기하는 방법 ……………………… 103

    1. 화제 — 103

    2. 이야기하는 방법의 실례 — 111

사랑을 구해서 …………………………………… 136

    1. 애정의 이른 출발 — 137

    2. 애정 위기의 여러 가지 원인 — 140

독립을 바라면서………………………………… 152

쾌락과 환희를 찾아 ……………………………… 165

    1. 유희의 특별한 중요성 — 167

    2. 마음의 혼란을 타진하는 방법으로써의 유희 — 173

    3. 그림, 이야기, 영화, 노래 — 174

    4. 사회 실습으로써의 유희 — 176

    5. 쾌감을 바라며 — 179

성격 발달상의 큰 장애 — 비뚤어진 마음 ················ 180

결 점 ·· 184

아이의 도덕 교육 ·· 189

■ 역자 후기 — 193

1

엄마에게 알리고 싶은 아동 심리

기다리고 바라는 것

임신중의 위생이란 것이 있다. 순산을 위해 임신부는 일정한 규칙을 지켜야 한다. 여기에서는 그 규정까지 언급하지는 않겠다. 육아책에 자세히 적혀 있기 때문이다.

그러나 육아에 대한 가르침은 대체로 거기에서 그치고 있다. 그것도 중요한 것은 분명하지만, 불완전함을 면할 수 없다. 임신중 신체적 위생을 강조함과 동시에 그 정신 위생 쪽도 강조하지 않으면 안 된다. 그것도 장래의 갓난 아이의 교육에 있어 대단히 중요한 것이기 때문이다.

임신중 신체 위생 문제는 본서에서 논하지 않는다. 그러나 건강이 인간의 정신, 특히 임신부의 정신에 중대한 영향을 준다는 사실을 잊어서는 안 된다. 건강한 어머니는 비교적 정신도 건강하며, 건강한 아이는 분명히 성격도 원만하다. 또한 병약한 어린애와 비교하여 보살피기가 훨씬 수월하다.

1. 정신과 신체와의 상관 관계

정신 과학의 진보로 인하여 정신이 신체에 끼치는 영향이 아주 분명해졌다. 무의식적 또는 의식적인 감정의 요소가 태도나 언동에 영향을 줄 뿐만 아니라 건강의 좋고 나쁨에도 영향을 준다는 것이 밝혀졌다.

예전에는 여러 가지 병의 원인이 신체 기관의 고장에 있는 것이라고 인식되어 왔었다. 신체의 무엇인가가 안정되지 않았기 때문에 기관의 기능 장애에 불과한 병의 증상도 분명히 있다. 그것의 원인이 불분명했기 때문에 조치가 없었던 것이다. 의사는 신체의 병근이 필연적으로 몸에 원인이 있다고 생각하고 있었다. 정신병조차 어딘가에 해부학적 상해 또는 호르몬의 부조화가 있어, 그것이 원인이라고 생각했던 것이다.

오늘날에도 신체의 역할을 부정하지는 않는다. 그러나 일부 또는 전부가 정신적 원인에서 오는 병도 적지 않다는 것을 알게 되었다. 실제로 감정에 이상이 있어 기능 장애를 일으키고, 또는 이 기능 장애가 병을 유발하는 예가 분명해졌다. 특히 심각한 병도 심리 치료로 치유하고 있다.

여기에서 위궤양을 예로 들어 이 점을 분명히 이해시키도록 해본다. 위궤양은 위액의 산성이 너무 과다해 위벽을 깎아내는 데서 일어나는 병이다. 위산과다증은 어느 경우에는 유문(幽門 ; 위의 말단부 십이지장에 연이은 부분) 경련에서 오는 수가 있고, 초조나 신경 과민으로 급속히 감정이 고조되어 뇌의 중추 신경계를 자극했기 때문에 일어나는 경우도 있다. 때문에 초조나 신경 과민이 신경이나 분비 작용을 통해 위궤양의 원인이 되는 셈이다.

인체 이외의 기관도 감정적 원인에서 오는 신체의 반응을 나타내는 장소가 된다. 유문 경련보다도 더욱 위장과 연관이 깊은 것은 식도 경련인데, 식도가 막혀 음식을 넘기는 것을 방해하는 수가 있다. 또 장(腸) 경련은 소장결장염을 일으키고, 초등학교 1학년 정도의 감성이 예민한 아이는 때때로 실수하여 오줌을 지리기도 한다. 감동(정신이 급격히 흥분하는 것)하게 되면 심장 박동이 빨라지고 혈압이 올라간다. 감동은 또한 천식을 불러일으키는 수도 있다.

생식기에 있어서도 남자를 임포텐츠로 만든다. 여자에게는 질경련을 일으키게 하며 생리불순 또는 생리를 정지시키게도 하므로 부부 관계를 원활하게 할 수 없게 된다. 심한 경우에는 성생활이 전혀 이루어질 수 없는 지경이 되기도 한다.

감동은 유산의 근원이 되는 수도 있다. 전쟁 때 남편이 급히 소집되어 이러한 처지에 놓인 부인네도 적지 않았다.

비뇨기도 이 영향을 피할 수 없다. 시험을 치를 경우, 유년은 물론 청소년들조차 오줌이 마려 곤란한 경우가 있다. 또한 감동하게 되면 숨이 가쁘거나 멈추기도 한다.

피부도 마찬가지다. 감동하면 피부가 창백해지고 땀이 나오는가 하면, 쥐가 나는 반응을 나타내기도 한다. 어머니에게 어리광떨던 세 살 먹은 아이가 어머니로부터 얻어맞자 그곳에 두드러기가 나는 경우도 있다.

인간의 건강 상태는 이와 같이 기분에 따라 많이 좌우된다. 환자의 회복 속도 등도 크게 그 사람의 정신 상태에 의해 달라지는 것이다. 격렬한 감동이나 끊이지 않는 걱정과 근심이 내분비 작용을 보이고, 그것이 병을 유발하는 것도 이상할 것은 없다. 그러므로 모자의 건강을 위해 임신이 환영받게 되는 것도 상당히 중요한 것이다.

2. 임신을 어떻게 즐겁게 맞이할까 하는 마음가짐의 원근(遠近) 결과

임신부가 임신을 어떻게 맞이해야 하는가 하는 마음가짐은 모체와 태아에 상당한 영향을 준다. 이와 같은 파급을 분명히 규명하기는 어렵지만 어쨌든 상당한 영향을 끼친다는 것은 부정할 수 없는 사실이다.

엄마가 임신을 즐겁지 않게 생각한다고 가정해 보자. 임신을 함으로써 여러 가지 계획이 산산이 부서질 수도 있고, 가계 사정이 어렵게 되는 경우도 있다. 또한 이미 아이가 많아서 이제 아이라면 딱 질색이라고 생각하고 있는지도 모른다.

임신부가 어머니가 되는 것을 아주 싫어하게 되면, 태어나는 아이에게 생(生)의 원망을 갖게 하는 우려도 생긴다. 심술궂고 매정한 어머니가 없는 것은 아니다. 그들 중에도 임신중, 또는 아이가 출생하면 모성 본능을 자각하는 수도 있지만, 개중에는 끝까지 자각하지 못하는 사람도 있는 것이다.

어머니가 아이를 원하지 않고 있다든가, 이미 충분하다고 생각하고 있는 경우, 그것만으로는 잔혹한 예상을 하지 않아도 좋다. 이전의 출산에서 이미 자각된 모성 본능이 부활하여 좋은 상태로 작용하는 것이 일반적인 현상이다. 그러나 원치 않는 임신에 실망 또는 불만을 갖고 있다면 이 기분이 혼합되어 우회하게 되고, 무의식 중에 아이를 싫어하는 마음을 가질 수도 있다. 때문에 아이를 학대하고, 조그만 일에도 몹시 꾸짖으며, 까닭 없이 화를 내고는 한다.

때에 따라서는 분명히 이와 같은 적의를 나타내는 수도 있다. 아이도 감수성이 예민하기 때문에 곧 어머니의 기분을 알아챈다. 비운을 감수하지 않는—기독교적으로 말하면 섭리적 운명에 순응하지 않기 때문에—이런 어머니는 난산도 하고, 어두운 나날을 보내기도 하며, 나중에는 무엇인가 손해를 입을까 봐 고민하게 되는 것이다.

인간은 피할 수 없는 운명에 순응해야 한다. 예컨대 원치 않았던 임신을 했더라도 부질없이 한탄하거나 실망하여 불평하는 것은 문제 해결에 아무런 도움이 되지 않으면서 정신적인 부담을 가중시킨다. 때문에 태아를 감수하고 환영하는 것이야말로 현명한 처사라고 하겠다. 앞에서 말했듯이 정신은 미묘하고 심각한 영향을 신체에 미치는 것이기 때문에 올바른 마음가짐을 갖는 것은 적어도 순산이나 자녀 교육의 순탄함을 약속해 주는 것이 될 것이다.

한 아이만으로 만족하려고 굳게 결심한 여자가 있다고 가정하고, 지금부터 외아들 교육의 어려움을 생각해 보자. 여자가 외아들을 원하는 것은 자기 본위로 자기의 이익을 위함이지 결코 아이를 위해서 그런 것은 아니다.

그녀는 한 번쯤은 어머니가 됨으로서 자신이 정상적인 여성으로 아이를 낳을 수 있음을 증명하고 싶어하는 것이다. 외아들은 여자의 애정을 나타내는 수단, 자신도 의지받고 있다는 자기 만족의 수단, 누군가를 지배하고 싶다는 지배

본능 만족의 수단밖에는 안 된다.

이런 어머니는 언제까지나 자식을 슬하에 두고 자기 마음대로 조종할 위험이 있다. 의식적 또는 무의식적으로, 비밀리에 또는 공공연히 아이의 자유를 구속하고 성장을 방해한다.

또 이런 어머니는 끊임없이 어린이를 감싸고 위험으로부터 보호하려 하기 때문에 성장하면 당연히 허약하고 인생에 겁 많은 인간이 될 것이다.

모든 아이는 어머니의 과잉 보호를 느끼게 되면 돌연 반항적인 기질을 갖게 된다. 늘 애지중지 보호만 받고 컸으므로 자기 멋대로 변덕스러워지고, 사람들에게 시중을 구하게 되는데, 그것이 통하지 않는 곳에서는 형편없는 겁쟁이가 된다. 결혼을 해서도 그저 타인의 애정과 헌신만을 강요하는 자기 멋대로인 남편이 될 것이다.

여자들 중에는 남자 아이, 또는 여자 아이 형제만을 원하는 경우도 있다. 그것이 그저 소망일 뿐 꼭 그렇게 되어야 한다는 정도가 아니라면 대단한 것은 아니다. 그런데 그것이 열망이 되면 장래가 다소 염려스러운 것이다.

보편적으로 아들을 갖고 싶다고 생각하는 여자가 많다. 이 열망에는 의식적으로나 무의식적으로 여러 가지 원인이 있다. 여자이기 때문에 겪어야 했던 불유쾌한 일에 대한 기억 때문일 수도 있고, 이성을 알고 싶다는 호기심의 작용도 있다. 또 남자 아이 쪽이 여자 아이보다 솔직 담백하기 때문에 교육시키기 쉽다는 이유도 있고, 자기 딸에게는 여자로서의 고통을 겪지 않도록 하고 싶다는 생각도 있으며, 남편의 희망에 응한다는 이유도 있다.

어쨌든 이미 아들이 있는 경우를 제외하고는 간절하게 딸을 원하지 않으며, 아들이 있는 다음에서야 딸을 갖고 싶다고 생각하는 경향이 짙다.

아들을 원하는 여자들의 심리는 잡다하지만, 그렇게 비난할 것은 못된다. 그러나 남아 또는 여아를 갖고 싶다는 열망이 아주 강했고 태어난 아기가 원했던 대로가 아니라면 별로 환영받지 못할 위험이 있다. 딸이 태어난 경우보다 아들이 태어났을 때가 어머니는 빨리 체념할 수 있다.

그런 경우에도 어머니에게는 원망스러운 마음과 적의가 남게 되고, 어린 아이는 어머니의 애정을 충분히 받지 못하기 때문에 반감을 품게 된다. 따라서 교육도 어렵게 되는 것이다.

둘째 아이를 잉태한 어머니가 있다고 하자. 큰애는 2년 6개월이 되었다. 둘째가 태어나는데 대하여 큰애는 어떻게 생각하고 있는가를 어머니는 예감해야 한다.

큰애는 그때까지 어머니의 애정을 독점하던 외아들이었다. 그런데 어머니가 며칠간 집을 비우다가 곧 갓난 아이(여동생)를 안고 돌아왔다고 가정해 보자. 큰애의 입장에서 보면 동생이 생김으로 해서 자신의 지위가 확연하게 변했다고 생각한다. 모든 가족들의 관심이 동생에게 쏠린 것을 민감하게 감지하는 것이다. 또 이때부터 부모는 큰애에게 교육을 시키려고 한다. 교육의 반응이 더디면 질책하기도 한다.

큰애가 이런 급변한 상황에 당황해서 어떤 감정적 반응을 나타내는가는 쉽게 알아차릴 수 있다. 우선 실망하게 되고, 독점하고 있던 애정과 관심을 빼앗아간 침해자에 대해 질투의 감정을 갖게 된다.

이런 일들을 무심히 넘겼다가는 아주 위험한 상태로 발전될 소지가 있다. 비뚤어진 심성의 소유자로 성장할 우려가 있는 것이다. 그러므로 해산하기 이전에 어머니와 큰애 사이에 교감이 절대 필요하다. 해산할 달이 가깝게 되면 어머니는 큰애에게 곧 동생이 태어나게 된다고 알려 준다. 물론 꽃가루의 예를 들어 상세히 그 원인이나 경과를 설명하라는 것은 아니다.

어느 저명한 아동 교육 심리학자는 이렇게 말하고 있다.

"어린 아이가 출산에 대해 아무것도 알지 못하고, 아는 것을 두려워하는 것도 좋지 않지만, 그렇다고 해서 너무 알거나 빨리 알아도 위험하다."

어린애에게 알려야 할 것은 육체 방면이 아닌—이것을 가르치는 것도 조금 늦춰도 좋다—감정 방면인 것이다. 어머니는 큰애에게 "머지않아 남동생이나 여동생이 태어난단다."하고 말하고, 또 "갓난 아이는 아주 어리기 때문에 엄마의 보살핌은 물론 아빠와 너도 도와주지 않으면……." 하고 설명한다. 엄마는 갓난 아이에게 모든 정성을 쏟아야 하고 또 큰애는 많이 컸기 때문에 모든 일은 자기 힘으로 할 수 있다고 말해 준다.

달이 차서 아이가 태어나면 때에 따라 같은 말을 다시 해 준다. 큰애에게 도움까지 청하면서 변함없이 귀엽게 대해 준다.

그리하여 큰애는 동생이 태어났을 때, 언니가 맛보는 심리적 쇼크를 상당히 완화시킬 수 있다.

이와 같이 하지 않으면 큰애는 심하게 질투하게 되며, 언뜻 보면 동생의 탄생과는 무관한 행위로 보이는 이상한 태도를 나타낸다. 식욕도 떨어지고, 식탁에서 칭얼거리고, 잠을 자지 않는 등—이 모든 것은 어머니의 주목을 자신에게 다시 끌어들여 귀여움을 받기 위한 것이다.

어린 아이는 의식적으로 그러는 것도 아니며, 2, 3세에 그런 교묘한 정책을 습득한 것도 아니다. 다만 본능적인 애정의 욕구가 은근히 그를 움직이게 하여 그런 행위를 시키는 것이다.

큰애는 그때까지 오랫동안 외아들로서 애정을 독점해 왔었고, 교육시키기 어려운 위치에 있었는데, 하루 아침에 이미 혼자가 아닌 언니가 되어 버렸던 것이다. 사정이 이와 같이 급전했기 때문에 심리적으로도 급변하게 되는 셈이다.

장남이 대개 보수적·권세적이며 특권을 옹호하고 싶어하는 쪽이라면, 차남은 권리를 주장하고 특권과 싸워 평등을 요구하는 편이다.

"엄마, 형과 똑같이 해줘."

"형 것보다 내 것이 적잖아."

"나도 밖에 나가 놀아도 되지?" 등.

어린애는 모두 열등감을 갖고 있고 이 느낌은 아무래도 막내일수록 강하다. 막내는 언제나 꼬마라 불리고, 또한 꼬마 취급을 받는다. 이리하여 애지중지하게 된다. 특히 아이들이 많은 집에서 맏딸이 일찌감치 집안일을 돌보는 경우, 막내는 어머니뿐만 아니라 누나에게까지 귀여움을 받게 된다.

집안 사람들은 막내를 끼고 돈다. 싸움이 일어나면 거의 형이나 누이들을 야단친다. 막내를 지나치게 귀여워한다.

이렇게 해서 어머니는 어린애의 성격의 전모—이것은 일부 유전적 체질에도 관계가 있다—는 모르면서 가족 내의 순위에서 오는, 특수 사정에서 오는 성격상의 특징만을 파악하게 된다.

아버지의 감정도—어머니 정도는 아니지만—하나의 역할을 한다. 아버지는 임신을 알려도 비교적 평범하게 듣는다. 물론 임신부 정도의 기쁨은 느끼지 못하는 대신 임신부 정도로 싫어하지도 않는다.

그러나 경우에 따라서는 뱃속에 있는 아이에게 환영 내지 격심한 적의를 품기도 한다. 가문을 이어나갈 인물을 기다리던 사람, 후계자를 기다리던 실업가, 아내를 독점하고 싶어하는 이기적인 남편 등이 그렇다.

다가오는 출산을 어떻게 보는가에 따라 장래의 태도도 변한다. 기다리고 기다리던 아이는 버릇없이 자라나기 쉬우며 환영받지 못한 아이는 욕구 불만에 휩싸이기 쉽다. 왜냐하면 의식적이거나 무의식 중에 아버지의 호불호 감정이 아이에게 전이되기 때문이다. 이런 마음속의 냉정함은 어린애가 엄하게 교육받게 되면 점점 변하게 되어 사라지는 수도 있지만 언제 그렇게 되는가는 분명히 말할 수 없다. 부친으로서 취해야 할 어린 아이에 대한 태도는 기쁨에 충만한 호의적 태도여야만 한다.

3. 부부 사이가 어린애에게 끼치는 영향

부모가 태어나려 하는 아이에 대해 품는 감정뿐만 아니라 부부 사이 애정의 정도도 아이의 교육에 크나큰 영향을 미친다. 원만한 부부 사이의 아이라면 그 아이의 장래에 대한 예측도 밝다. 불화가 잦은 부부 사이의 아이라면 아이의 장래에도 어두운 그늘을 던진다. 특히 잦은 부부 싸움으로 구타한다거나, 욕지거리를 해댄다고 하면 아이에게 좋지 않은 영향을 줄 것은 분명하다.

아버지가 어머니를 때리고, 어머니가 울부짖는 상황을 보는 아이의 마음은 심하게 흔들린다. 비행 소년 등을 조사해 보면 어린 그들이 비행에 뛰어든 원인중 부모들간의 싸움이 끊이지 않았다는 경우가 많다.

어른들이 어째서 그 정도까지 양식을 잃고 아이 앞에서 흉칙한 짓을 드러내야 하는가. 또 상대방에게 대항하기 위해서 아이를 자기 편으로 끌어들이려고까지 하는 것일까? 생각하면 불쌍할 정도이다.

4, 5세가 되면 아이도 교묘하게 두 사람의 균형을 측정하고, 어느 쪽인가에 의지하게 된다. 아버지가 외출했을 때 어머니가 이것저것 욕을 했다고 빠짐없이 아버지에게 보고하는 아이도 있다. 이 보고는 순진하게 하는 경우도 있으나 때에 따라서는 한쪽에 편들어 거기에서 무엇을 얻어내려고 하는 음모에 가까운 것도 있다.

이런 음모에 재미를 붙인 아이가 성장하면 어떤 결과를 초래하게 될까? 형편없는 사기꾼이나 건달이 된다 해도 별로 이상할 것이 없다.

양친의 격렬한 불화만이 아이에게 해로운 것은 아니다. 평소의 냉정함, 무의식 중에 지껄이게 되는 잔소리, 불안한 듯한 어머니의 안색, 울고 난 후의 눈물자국 등. 이러한 공기를 아이는 민감하게 감지한다. 아이는 아버지와 어머니를

모두 좋아한다. 그러므로 두 사람의 사이가 나쁜 것을 눈치
채고 몹시 슬퍼한다. 만약 이 슬픔이 아이의 애정이 부모의
한쪽으로 기울어지는 시기에 부딪치면 감정의 위기는 한층
심각하게 된다. 4, 5세 된 아이의 심적 평정은 그 슬픔으로
완전히 균형을 잃게 되어 노이로제 증세로 발전할 가능성이
크다. 그것으로 인하여 야기되는 파괴력은 청년보다는 소
년, 소년보다는 유년의 식으로 어릴 때에 제일 강렬하다는
것을 잊어서는 안 된다.

그 때문에 부자 사이에 새로운 타입의 관계—적대, 경멸
—가 나타나고, 그렇지 않아도 어려운 교육을 한층 힘들게
만들어 버리는 것이다.

아이가 아무것도 눈치채지 못했다 해도 나쁜 것은 마찬가
지다. 아내와 사이가 좋지 않은 남편은 아내의 성격과 결점
을 그대로 이어받은 듯한 아이에게 반감을 품는다. 거꾸로
아내 쪽에서도 그렇다. 이렇게 되면 부부라도 자신과 비슷
한 아이 쪽을 편애하게 된다.

가정에 흥미를 느끼지 못하는 남편은 무엇인가 구실을 만
들어 집을 비우고, 자녀 교육을 아내에게 떠맡기게 된다. 이
러한 방임 태도는—일이 바쁘기 때문에 그렇게 되는 수도
있지만—아이에게 악영향을 미친다. 아내 쪽에서도 버려진
듯한 고독을 맛봄과 동시에 불만을 느껴 남편에 대해서는
한층 냉정한 마음을 갖게 된다. 아내는 그저 아이만을 의지
하여 모든 불만을 배상받으려고 한다. 그리하여 아이는 여
전히 귀여움을 받지만, 그 교육은 아무래도 지나친 응석받
이로 만드는 것에 불과한 것이다.

부모들 간의 언쟁과 의견의 불일치—한쪽이 금지한 것을

다른 쪽이 허락한다—는 아이를 망친다. 어머니가 아이의 교육에 아무리 힘을 기울였어도 아버지의 순간의 눈초리, 뽐내듯 어깨를 추스리는 모습으로 인하여 엉망이 되어 버린다. 어머니가 아들에게 훈계를 하는데 아버지가 그 아이에게 눈짓을 한다든가, 어머니가 딸아이를 꾸짖고 있는데 아버지가 딸의 손을 어루만지거나 한다면 어머니가 교육시키려 해도 어린애의 반항심을 부추길 뿐이다. 또 아이 앞에서 어머니가 아버지의 지나치게 엄격함을 책하거나 아버지와 상의도 하지 않고 아버지가 내린 벌을 풀어 준다면, 이것도 같은 결과를 낳게 된다.

불화가 잦은 부부 사이를 나타낸 말로 '외상적(外傷的) 양친'이란 적절한 표현이 사용되고 있다. 결국 어머니가 사랑받는 행복한 아내인가, 그렇지 않은가에 따라 아이의 장래는 달라진다. 때문에 자녀의 훌륭한 교육을 위해서는 양친의 화합이 꼭 필요한 것이다.

사업에 실패하거나 실직한 아버지도 아이에게 외상(外傷)을 주는 나쁜 교육자가 될 위험성을 안고 있다. 실망에 찬 어두운 얼굴로 풀이 죽어 안절부절못하게 될지도 모르며, 자포자기 심정으로 자녀 교육에 신경조차 쓰지 않을지도 모른다.

이와 반대로 남편이 점점 출세해서 아내를 기쁘게 하고 매사에 자신만만하며, 결단력과 실행력에 충만해 있다고 하자. 이렇게 정력가인 아버지가 겸손함과 유연성을 갖고 있지 않다면—그것까지 갖춘다는 것은 조금은 무리인 듯싶지만—이 아버지의 장점을 물려받지 않은 자녀는 강한 아버지의 성격에 감정적으로 압도되어 소심한 겁쟁이, 무력한 아이가 될지도 모른다.

어린이의 성격과 기질은 양친 사이의 좋고 나쁨, 부부가 서로 상대에 대해 품고 있는 감정, 여러 가지 성격에 의하여 결정되는 것이다.

4. 가족 구성이 아동의 성격에 미치는 영향

아이의 교육에 영향을 주는 것은 이상 서술한 모든 원인에만 한정되어 있는 것은 아니다. 가족 구성원의 타입도 생각해야 한다.

외아들 외동딸인 경우에는 관심을 거기에 집중하기 일쑤이다. 소중하기 때문에 어느덧 애지중지하게 된다. 부모나 누나도 서로 앞다투어 외아들을 지나치게 귀여워하게 되는데, 이것은 외동딸인 경우도 마찬가지이다.

아이 쪽에서도 자신의 희소 가치를 높이 평가해서 소중히 여기는 것이 당연하다고 생각한다. 이런 경우 남자 아이는 약간 여자처럼, 여자 아이는 남자처럼 되어 버린다. 또한 남자 형제 또는 여자 형제만 있으면 남녀는 어느 쪽인가의 장점 및 단점이 한층 강화된다. 이러한 자녀의 성격을 원만히 교육하는 데는 양친의 많은 수완을 필요로 하는 것이다.

이렇게 살펴볼 때 임신부가 있는 가정의 사정도 여러 가지여서 이들의 특수 사정이 결국 중요한 요소가 된다. 그것이 어떤 영향을 주는가는 조금만 생각해 보면 곧 알 수 있다.

양친은 출산을 앞두고 이들의 구체적 사정에도 주지해야 한다. 몇째 아이인가에 따라, 부부 사이가 좋은가 나쁜가 등에 따라 아이의 교육도 달라진다. 이들 특수 사정이 몰고 오는 위험을 피하는 데는 양친이 사정을 잘 이해하고 현명하게 행동하지 않으면 안 된다. 훌륭한 교육의 어려움을 생각하면 할수록 교육자로서의 양친에게 지성, 덕성의 풍족함이 요구된다.

아동 심리의 동태

　여기에서 아동의 모든 감각 능력의 점진적인 발달을 상세하게 서술할 생각은 없다. 서점에는 그 분야에서 학술적으로 높이 평가되는 서적이 많기 때문이다.

　여기서 설명하는 목적은 다른 데에 있다. 어머니들에게 아동의 심층 심리를 알려 주고 그것이 해부학적·생리학적·감정적·지적 발달 과정에 잇달아 나타나는 표현에 있어서 어떤 반응을 보이는가를 이해해 주었으면 하는 뜻에서다. 또한 여기서는 다수를 차지하는 정상적인 아동을 논할 뿐 병리적 현상에 대해서는 언급하지 않는다.

1. 강한 생존 의욕

　아동 심리의 공통적인 첫째 특징은 '생존 의욕'이다. 태어나자마자 살기 위해서 싸운다. 갓난 아이는 울부짖으면서 엄마 젖을 찾고, 그 맛을 알게 되면 욕심껏 먹는다. 굶주린 아이의 찌푸린 얼굴과 배부른 아이의 만족스러운 얼굴을 비교해 보면 좋을 것이다.

병균을 막아내는 데는 기관(器官)이 열을 내서 저항을 보이고, 세포의 손상은 놀라운 속도로 회복시킨다. 갓난 아이가 튼튼하면 강한 생존 의욕을 보이는 것이며, 병균과의 싸움은 그 하나의 표현이다.

생존 의욕은 갓난 아이만이 갖고 있는 것은 아니다. 모든 생물과 동물들이 이 의욕을 가지고 있다.

이런 입장에서 볼 때 현실을 절망적으로 봤던 사람들, 인생을 무의미하다고 했던 철학자들이 몸소 생존 의욕을 보여 스스로의 이론을 극복했다는 사실은 재미있는 일이다. 그들도 자신의 생존을 끊으려하지는 않았다. 요컨대 생존 의욕은 생물의 마음속 깊은 곳에 자리잡고 있는 감정이며, 다만 너무나 고통스러울 때는 이 의욕이 가끔 약해질 뿐이다.

대다수의 아이들은 심한 고통 따위는 맛보지 않는다. 고통에 반항할 필요도 없다. 그러나 인간은 갓난 아이 때에도 굳건한 생존 의욕을 갖고 있다.

2. 활동의 필요

아동의 두 번째 특징은 활동력이다. 아이들은 잠자는 시간만 빼고 쉴새없이 움직이고 있다. 요람 속에서도 늘 손과 발을 움직인다. 길 수 있게 되면 사방 팔방으로 기어다닌다. 아이가 걷기 시작하면 어머니는 아이를 한 곳에 앉혀 놓느라고 상당히 수고를 한다.

"가만히 있거라."

"거기 가면 안 된다."

부모는 그 자신들이 아이였던 시절의 활동욕을 기억하지 못하기 때문에 아이의 활동력이 왕성한 것을 충분히 이해하지 못한다. 특히 어머니는 겁을 주거나 달랜다. 아이가 얌전히 있는 편이 편하기 때문이다.

그러나 얌전히 있는 일은 아이에게 있어선 답답하고 견딜 수 없는 노릇이다. 이 점으로 봐서는 조그마한 마당이라도 딸린 단독주택이 아파트에 사는 것보다 훨씬 낫다.

3. 강한 호기심

사람은 사물을 알고 싶어한다. 세계 구조를 알고자 하는 것이 과학의 목적이다. 과학은 땅 속과 바다 밑바닥을 뒤지고 성층권(成層圈)을 넘어 원자와 그 내부 구조의 비밀을 알 때까지는 결코 만족하지 않는다.

이런 것을 알려고 하는 갈망은 아이도 마찬가지다. 태어나 몇 개월 동안은 손에 물건이 닿는 대로 입에 넣는다. 앉은 자리에서 명령이나 하듯이 물건에 손대게 해달라고 조른다. 갖가지 물건에 손대면서 조금씩 경험을 쌓아 고리를 막대기에 끼워보기도 하고, 작은 상자를 큰 상자에 집어넣고 기뻐하기도 한다. 일이 잘되면 싱글벙글하면서 자못 뽐내는 표정도 짓는다.

약간 지성이 싹트게 되면 '왜? 왜?' 하면서 묻는 것을 되풀이하고, 주고받는 말의 뜻을 어디까지나 캐고 싶어한다. 동물 세계에 큰 흥미를 가지며 이야기를 끝없이 듣고 싶어한다.

글자를 모를 때도 그림책을 넘기면서 어머니한테 설명을 구한다. 2, 3세가 되면 자신의 몸을 검사하기 시작하는데, 이것도 지식욕에서 오는 것이다. 국부 등을 만지기 시작하면 어떤 어머니들은 성욕이 솟는 줄 오해하고 깜짝 놀란다. 나는 이런 점을 염려하는 어머니들의 상담을 자주 받았다. 이런 놀이에 염려해야 되는가? 이것은 단순한 감각적 호기심, 즉 국부를 만져서 쾌감을 느낄 뿐이지 결코 성욕을 자극하고자 하는 것은 아니다. 아이에게 어른들의 생각을 강요해서는 안 된다.

아동 심리의 또 한 가지 특징은—일반적인 인간 심리도 그런 것이지만—이론적 지식을 바라는 것이 아니라 체험할 수 있는 지식, 즉 경험 쌓기를 원한다. 아이는 무엇이든지 입에 가져가 맛을 봄으로써 경험을 쌓는다.

어릴 때부터 형이나 누나가 하는 대로 따라한다. 어린이의 괴로움은 어른들에게 허용되고 있는 지식이나 경험이 자신들에게는 금지되어 있다는 사실이다. 어쨌든 생활을 경험하고 싶어한다. 이것이야말로 어린이의 가장 절실한 소원이다.

"갓 태어날 무렵의 세계 정복은 자기 보존의 본능에 의해 가까스로 조정될 뿐이다."라고 어느 학자는 말하고 있다. 게다가 이 본능이 조정 역할을 하는 것도 지적 발달이 어느 단계에 이르렀을 때에 한해서이다. 2, 3세의 아이가 위험을 모르고 자주 모험적 경험을 해보려 하는 일을 아이를 가진 엄마라면 누구나 다 알고 있다. 어머니의 애정은 앞질러 사고를 막으려 한다. 아이는 무엇이든지 손을 대고 싶어하며 게다가 예견적 본능(預見的本能)으로 부서지기 쉬운 위험한 것을 손에 넣고 싶어한다.

4. 즐거움을 구하고 고통을 피한다

아이들도 어른처럼 행락 본능을 가지고 있다. 괴테는 "사람은 고통스런 때는 벗어나려 하고, 즐거운 때는 멈추려고 한다."라고 말했는데, 이것은 어른뿐만 아니라 아이도 마찬가지다.

육체나 감정에 관해서도 역시 그렇게 말할 수 있다. 젖먹이는 맛있는 것을 정신없이 먹고, 촉감이 좋은 것, 풍만한 인상을 주는 것을 좋아한다. 이와 반대로 싫은 것은 무턱대고 물리치며, 고통스러운 일에는 등을 돌린다. 아픈 것이 싫어서 이가 날 무렵에는 손을 잇몸에 대고 불쾌한 얼굴로 크게 울어댄다.

아이들을 교육하는데 있어서 한 가지 임무는 아이들을 업신여길 것이 아니라 한층 더 부드럽고 따뜻하게 길들이는 것이다. 남자 아이에게 어머니는 늘 "자, 우는 것은 그만 그쳐라. 너는 남자니까 여자하고는 틀리지." 따위로 말하는데 이것은 그다지 좋은 교육이 못된다. 이런 말은 어딘지 모르게 여성을 경멸하는 마음이 포함되어 있기 때문이다.

물론 남자 아이가 훌륭한 남성으로, 여자 아이가 훌륭한 여성으로 성장하는 것은 더없이 좋다. 그러나 남자 아이에게 남성 우월관을 심어 주는 것은 삼가해야 한다.

5. 사랑을 받고 싶어하는 심리

인간이 쾌락을 구하는 심정은 사랑과 존경을 받고 싶어하는 욕구에 의해 강해진다. 남자는 가족한테 사랑을 받고 싶어하며, 사회 생활에 접어들면서는 사회로부터 존경을 받고 싶어한다.

유아의 세계는 거의가 가정의 테두리 안에서 이루어진다. 가정에서는 무엇보다도 우선 어머니의 사랑을 구한다. 유아의 세계가 어머니—또는 어머니를 대신할 사람—를 중심으로 어떻게 펼쳐나가는가는 뒤에서 보다 자세히 서술할 참이다.

아이는 홍수처럼 넘치는 애정을 바란다. 고아원에 있는 아이나 어릴 때 어머니를 잃은 아이는 어딘지 모르게 애정에 굶주리고 있다. 그래서 일평생 가정 생활의 어딘가가 결함이 생기는 법이다.

아이에게는 새 새끼처럼 따뜻한 둥우리가 있어야 한다. 따뜻한 잠자리가 있음으로 해서 비로소 불만스러운 본능적 감정이 누그러지게 된다. 아이는 본능적으로 생활에 대해 무력감을 깨닫는다. 그래서 낯선 곳에 가게 되면 반드시 아버지나 어머니의 손에 매달리고, 모르는 사람이 가까이 오면 부모 옆에 달라붙는다.

그런데서 자신이 사랑을 받고 있고, 든든한 사람이 자신을 모든 위험에서 지켜주며, 또 날마다 필요한 것을 대준다고 느끼게 되면 아이는 마음이 편안해진다.

안정과 사랑을 구하는 심정은 참으로 강한 것이다. 때문에 부모가 불화로 인해 별거 생활을 할지도 모르게 된다면 아이는 내일에 대한 불안과 외로움에서 오는 두려움에 시달리게 된다. 사랑의 환경은 마치 폐장(肺臟)에 산소가 필요한 것처럼 아이의 마음에도 긴요한 것이다. 사랑을 뺏기게 되면 곧바로 마음의 균형이 깨지고 만다.

이 사랑의 욕구는 아동 교육의 열쇠인데, 어머니도 이 열쇠로 아이의 성격을 단련시킬 수 있다. 태어나면서부터 아이는 어머니의 웃는 얼굴이 자기를 들여다봐주기를 바라고 있다. 어머니가 엄격한 눈매를 하게 되면 아이의 얼굴도 금방 변해 울상이 된다.

아이는 역시 어머니의 애정을 구한다. 게다가 갓난 아이와 틀려서 분명하게 요구하며, 또한 이를 끌어내기 위하여 궁리마저 하게 된다. 서투른 그림 등을 어머니한테 가지고 와서 봐 달라고 조른다. 미소짓는 얼굴을 바라며 찌푸린 얼굴에는 대하고 싶지 않다는 심정이 갓난 아이와 유아로 하여금 갖가지 몸짓을 만들어 내도록 한다.

앞에서 말한 다른 욕구는 이처럼 영향력을 갖고 있지 않다. 부모한테 엄격하게 혼난다고 생각하면 하고 싶은 일도 참게 된다.

그러나 참을 수 없을 만큼 유혹이 강할 때는 마침내 일을 저지른다. 이럴 경우에 누구에게 들킬까 무서워 흠칫하는 태도는 부모의 노여움을 얼마나 두려워하는가를 보여 주고 있다. 어머니는 대개 자신의 얼굴빛과 눈매가 아이에게 어떠한 효과를 갖고 있는가를 잘 알고 있다.

그런데 아이가 차츰 자란 다음에 가정이라는 세계에서 사회에 한발 내디디게 되면 이 사랑의 욕구는 사람들로부터 존경을 받고 싶어하는 심정으로 나타난다. 창피한 일을 당하고 싶어하지 않으며 벌을 받는 일, 특히 남 앞에서 처벌당하는 것을 견딜 수 없는 일로 생각한다. 이와 반대로 사람들로부터 칭찬을 받게되면 흐뭇해하며 자신의 솜씨를 남에게 자랑하고 싶어한다.

"엄마! 내 그림 좀 봐줘."

"지금 뛰어 볼 테니 얼만큼 뛰나 봐."

자신의 장점을 보이고 조금 과장해서 선전하고 싶어한다. 우등생이라면 학교에서도 콧대가 높아지고, 우수한 점수나 상장에 구애받는다.

이것은 나중에 어른이 되어 훈장을 바라는 마음과 비슷한 것이다. 즉 인간은 누구나 다른 사람보다 뛰어나고 존경받기를 바라고 있다.

아동 심리의 효과적 방법일지라도 신중하게 이용하지 않으면 안 된다. 극단적으로 나가지 않는 온당한 방법을 취하는 것이 바람직하다. 칭찬하는 것이 혼내는 것보다 훨씬 효과적이며, 예방하는 것이 억압하는 것보다 한층 좋을 것이다.

그러나 칭찬한다 해도 허영심이나 자만심을 불러일으키는 방법은 피하는 것이 좋다. 벌을 주는 경우도 자포자기에 빠지게 하는 과도한 벌을 주어서는 안 된다.

6. 움트는 자신감

아이들은 무력감이나 열등감을 바라지 않는다. 때문에 그 반동으로 자신감을 가지려고 애쓴다. 따뜻한 가정에서 자란 아이뿐만 아니라 불우한 환경에서 자란 아이도 자신감을 갖고 싶어한다. 특히 몸에 장애가 있다든지 학업이 뒤떨어진 아이들은 더욱 강하게 이런 느낌을 갖는다.

유아가 이런 감정을 일으키는 것은 오히려 당연한 일이다. 젖먹이는 몹시 연약하다. 혼자서는 아무것도 못한다. 몇 개월 후에야 가까스로 비스킷을 갉아먹는데, 그것마저 비스킷을 다른 사람한테 얻어먹을 수밖에 없다. 혼자 무엇을 먹게 되려면 2세가 되어야 한다. 처음엔 숟가락을 잡고 입에 가져가는 것도 하나의 아슬아슬한 곡예다. 몇 번 흘리다가 겨우 입에 넣게 된다. 양말을 신거나 옷을 혼자 입는 것도 훨씬 나이가 차야 된다. 이런 일로 인하여 아이들은 자신의 무력감을 절실하게 느낀다. 누구에게 의지하고 싶은 마음이 우러나는 것은 당연하다.

또 한 가지 이유가 있다. 몸집이 작아서 어른에게는 도저히 당할 수가 없다. 어른은 거인처럼 우뚝 솟아 보이며, 아이를 꽉 움켜쥐고 마음대로 할 수 있는 힘을 지니고 있다. 또 아이를 겨드랑이에 끼고서 어디라도 갈 수 있다.

아이가 잠자는 요람, 유모차, 공원, 거실을 비롯하여 어디라도 데리고 간다. 아이가 가지 않으려고 아무리 반항해도 소용없다. 어른이 하는 대로 따라갈 뿐이다.

아이는 이렇게 힘이 없는 데다가 지적 능력마저 크게 뒤떨어져 있다. 읽고 쓰는 것은 물론이거니와 산수의 첫걸음마저 꽤 어렵다. 또 작은형이나 누나가 주고받는 얘기를 들어도 무슨 말인지 뜻도 모른다.

이런 인상 때문에 힘이 없는 것을 느끼고, 아버지나 어머니가 모르는 사이에 무력감이 강해진다. 지나치게 걱정한 나머지 개는 덤벼들고, 고양이는 할퀴고, 벌은 쏜다는 식으로 무엇이든지 공포심을 부채질한다. 학교 선생님들도 규범을 너무 지나치게 강조한 나머지 경찰관까지도 무서워하게 만든다. 게다가 말썽꾸러기에게는 귀신이나 무서운 짐승에게 잡혀간다든지 하는 애기를 해서 아이가 악몽으로 잠을 편히 못자게 만들기도 한다. 순진하고 나약한 아이는 어둡기만 해도 무서워하며, 덧문이 덜컹 소리를 내든지 멀리서 개짖는 소리만 들려도 겁을 먹는다.

어른이 이렇게 아이를 무섭게 하지 않아도 아이의 일상 생활은 무서운 것 뿐이다. 시골이나 도시에서 사소한 사고가 일어나도 아이의 육감은 강해져서 망상이 굳어지므로 악몽에서 깨어나지 못한다.

아이들의 열등감이나 불안한 감정은 부모가 아이를 다루는 솜씨 여하에 따라 강해지기도 하고 약해지기도 한다. 어머니의 권한을 그대로 유지하면서 확고한 정신을 보이려는 어머니는 여러 모로 겁을 주기도 하지만, 아이를 놀라게 하는 애기나 영화 따위는 일체 피하는 것이 좋다. 오히려 아이에게 자신감을 심어 주는 것이 바람직하다.

이 약한 감정은 유년기를 거쳐 소년기에 접어들어서도 꽤 오랫동안 계속된다. 어른이 되어서도 아직껏 갖고 있는 사람도 적지 않다. 그것을 솔직히 보여 주기도 하고 위장을 해서 나타내기도 한다.

열등감은 몸에 장애나 이상이 있는 아이가 더한층 강하게 느낀다. 4, 5세가 되면 몸의 이상을 눈치채게 된다. 그러므로 아이가 이런 것에 신경을 쓰게 되면 부모는 그 기분을 헤아리고 그 아이의 장점을 발휘하는 기회를 주어 기술, 지력, 도덕면에서 열등감을 느끼지 않도록 해주어야 한다.

학교에 나가게 될 무렵이 가장 어려운 고비다. 다른 아이에 비해서 자신의 결점이 눈에 띄기 때문이다.

주변 사람과 비교하여 뒤떨어진 점이 있으면 강한 열등감을 느낀다. 특히 체력에 관해서는 남자 아이에 비해 여자 아이가 열등감을 느끼기 쉽다. 유복한 가정의 아이들이 다니는 학교로 전학한 가난한 아이라든지 성적이 나쁜 아이도 열등감을 느끼며, 입고 있는 옷에서도 열등감을 느끼는 아이가 있다. 특히 여자 아이는 더욱 그러하다.

열등감을 느끼는 아이는 어떻게 해서라도 이 결점을 회복하려고 애쓴다. 어느 경우에는 몸집이 커지고 싶다, 또는 좋은 성적을 올리고 싶다, 공부는 안 되니까 운동으로 이름을 내겠다 하는 건전한 야심가가 될 수도 있는데, 이런 때는 열등감이 오히려 좋은 자극이 된다. 그러나 그 열등감이 너무 심하면 아이가 갈피를 못잡는다. 자신감을 심어 보겠다는 일념으로 헛된 꿈에 뛰어들어 익살꾼이 되기도 하고, 때때로 자포자기가 되어 반항하기도 하는데, 그중에는 도둑질이나 상습 사기꾼이 되기도 한다.

아이의 열등감에는 이러한 탈선도 있지만, 역시 피할 수 없는 아이의 무력감이 극단적으로 나오지 않는 한 아이의 발달을 촉진시키는 하나의 자극이 될 것이다.

7. 자기 본위

아이의 마음이라고 해서 텅 빈 것은 아니다. 이 책은 그 풍성한 감수성을 도처에서 보여 주고 있다. 무엇인가를 진심으로 바라는 사람도 거의가 자기를 중심으로 한 이기심에 그 뿌리를 두고 있다.

아이는 철저한 이기주의자다. 젖먹이는 자신만 사랑할 줄 안다. 남을 좋아하는 것도 자신을 위한 것이며, 그 사람으로부터 양분을 얻고 보살펴 주기를 바라는 뜻에서다.

아이가 사람을—어머니마저도—기쁘게 해주는 일은 좀처럼 없다. 특히 주변에서 그렇게 하도록 치켜세우면 넘어가고 만다. 부모의 생일 잔치 준비 따위는 무척 기뻐하나, 그것도 부모를 기쁘게 해주려는 뜻이 있어서가 아니고 오히려 색다른 행사의 잔치 기분에 들떠 있기 때문이다. 이것은 단순한 일이다. 아이는 자기 자신을 완전히 떠날 수 없다는 것이 심리학적인 견해다. 다른 사람 입장이 되어 본다든지, 사람의 마음을 헤아릴 수는 없다는 것이다.

이렇듯 아이는 모든 것을 자기 중심으로 생각한다. 한 가지 예를 들어 보자. 아이가 오른쪽과 왼쪽을 구별하기 시작할 무렵, 오른손에 쇠사슬로 개를 매서 데리고 온 사람을 아이의 맞은편에 세운다. 그런 후에 개가 아이의 왼쪽에 있는가, 오른쪽에 있는가를 물어 보라. 아이는 자기 자리에서 보고 어느 쪽에 개가 있는가에 대해 대답하는데, 틀림없이 왼쪽에 있다고 한다. 이러한 단순한 문제라도 개인의 입장에서 판정할 수 있게끔 되려면 8세쯤 되어야 한다.

아동기의 말기(초기는 출생~3세, 중기는 4~7세, 말기는 8~13세)가 되어도 자기 본위의 사고 방식을 버리지 않는다. 그러나 지속적인 가정 교육으로 말미암아 가까스로 남을 즐겁게 해주는 마음을 갖게 된다. 이리하여 다른 사람에게 봉사하는 마음이 점차 자라게 되는데, 특히 사춘기에 접어들면 이 마음씨는 크게 촉진된다.

그러므로 교육자의 가장 중요한 임무의 하나는 아이의 옹색한 마음씨에 서서히 이웃을 사랑하는 길을 열어 주는 일이다.

교육에 의해 이런 경향이 심어지기 전까지의 아이들은 사회 질서를 어지럽히는 경향이 있다. 남을 돌보지 않고 무엇이든지 혼자 차지하려고 하는 극단적인 이기심을 숨기지 않는다. 2~3세의 아이는 자기의 장난감을 만지지 못하게 할 뿐만 아니라 다른 아이의 물건까지도 욕심을 부린다. 간혹 장난감을 다른 아이에게 빌려주는 일도 있다. 그러나 그것은 이미 그 장난감에 싫증이 났다든지, 어른이 시켜서 억지로 빌려주지 않는 한 곧바로 빼앗아 버린다. 이때는 어른이 그 아이를 꾸중해도 소용이 없으며, 너무 심하게 나무라면 큰 소리로 울어버린다.

보통 아이들은 끼리끼리 어울리는 것을 좋아하며, 친구를 불러내어 같이 놀고 싶어한다. 그러나 어울리는 모습을 유심히 보면, 제각각 따로따로 논다. 보편적으로 6세까지의 아이는 혼자서 놀고 있는 것이다. 혼자서 진흙을 주무르기도 하고, 장난감을 만지작거리기도 한다. 친구들끼리 같이 논다고 해도 인형이나 장난감을 뺏고 빼앗기는 놀이가 고작이다.

아이의 놀이는 개인 본위이다. 사회 질서와는 아무런 상관을 않는다. 자기 중심의 이런 경향은 일평생 계속 지속된다. 나중에 이웃을 사랑하는 감정이 싹트게 되어도 이기심은 없어지지 않는다. 그러므로 우리의 마음속에는 이기심과 남을 위해 봉사하는 정신이 같이 자리를 잡고 있다.

그래서 어릴 때부터 아이의 이 뿌리 깊은 개인주의를 교정하여 훌륭한 사회인으로 양성하는 교육이 얼마나 중요한 가를 알 수 있다.

이상에서 말한 성격상의 여러 특징에 의하여 아동의 사람됨을 대략 추측할 수 있다. 인간의 일반적인 특징은 이미 어릴 때부터 지니고 있다 해도 과언이 아니다. 그러나 오늘날 많은 사람들이 말하고 있는 것처럼 아이는 어른을 축소한 것이라고는 말하고 싶지는 않다.

확실히 아이의 생존 의욕, 활동력, 강한 호기심, 행락욕, 사랑 또는 존경을 받고 싶어하는 욕구, 고통이나 열등감에서 벗어나려는 심정 등은 어른이 되어도 끝까지 남아 있는 특징이다.

인생의 시작이나 끝날 무렵에도 이런 특징은 근본적으로 똑같은 것이다. 그러나 사람마다 구체적인 생활 사정은 가지각색이다. 그 적용 범위는 물론이거니와 그 표현 방법과 반응하는 양상도 크게 다르게 된다.

이리하여 어머니 품에 안긴 갓난 아이, 손을 잡고 끌려다니는 아이, 보호를 받고 있는 아동들은 단순히 몸집이 작은 인간인 것만은 아니다. 커다랗게 움직이고 있는 힘이 그들을 움직이고 있다. 그 힘에 의해 해가 갈수록 빠른 속도로 발전한다. 걷는다거나 운동의 연결을 배우기 위해 많은 근육과 신경을 단련시키고 있다. 말하는 법을 익히고, 둘레의 물질 세계로부터 차츰 자신을 분리시키고, 자신과 남을 구별하고 시간과 공간의 관념을 터득하고, 생물과 무생물을 구분하는 지혜를 배우고 익힌다. 아동에게 있어서 이것은 청소년과 어른이 습득하는 이상의 지적 활동을 필요로 한다.

청년이 되면 배움은 이미 순조롭게 이루어지지 않으며 어른은 아예 침체 상태에 빠지게 된다. 마음과 몸이 계속 활동하여 자라고, 끊임없이 배우는 것은 아이들 뿐이며, 그 생활 능력은 매우 놀라운 것이다.

그런데 아이 때는 모르다가 소년기에 이르러 비로소 시작되는 감정이 마음속에서 일어난다. 그것은 남에 대한 봉사적인 사랑인데, 15세 정도의 우정에서 시작되어 이성간의 사랑으로, 부부애로 발전하여 부성애, 모성애에 이르러 절정에 도달하게 된다.

아동의 성격은 대체로 이상과 같다. 이러한 특징의 편성은 사람마다 조금씩 다르지만, 어쨌든 아이는 모두 이러한 특징을 지니고 있다. 이런 것이 아동 심리의 원동력이 되고 있으며, 인간의 활동과 가치의 기초를 이루고 있다.

다만 그러한 특징은 상호간의 관계 및 사회 환경과의 사이에는 반드시 조화가 이루어지는 것만은 아니다. 때문에 이 점은 되도록 교육으로 인하여 고쳐 나가지 않으면 안 된다. 그러나 그 근본적 방향은 인간의 힘을 북돋아 주는 것이므로 이 원동력을 잘 지도해서 증강시키는 일을 게을리해서는 안 된다.

아동 성격의 구성 요소

앞에서 정상아의 성격상 특징을 설명했다. 그러므로 여기서는 아이의 개인 심리에 깊이 파고들어가 그 특징이라고 할 수 있는 모든 요소를 설명하고자 한다.

오늘날 가정과 사회 환경이 개인의 성격에 중대한 영향을 끼친다는 사실이 심층심리학(深層心理學)에 의해 증명되었다.

특히 감수성이 예민한 어린 시절의 영향력은 지대하다.

아이가 자라서 소년기에 가까워지면 기질이나 환경의 영향에 대해 의식적인 반응을 보이기 시작한다.

이상의 세 가지 요소인 유전, 생활 환경, 본인의 반응을 지금부터 연구해 보기로 한다.

1. 유 전

'그 어버이에 그 아들'이라는 말이 있고, 이 견해에 반대하여 유전이 성격에 미치는 영향을 부정하는 사람도 있다. 후자는 유전이 자손에게 움직일 수 없는 숙명적인 영향을 준다는 것을 부정하는 점으로 봐서는 올바른 견해라고 할 수 있다.

어버이가 도둑, 마약 중독자, 술고래라고 해도 자식이 반드시 어버이를 닮는다고는 단언할 수 없다. 기껏해야 이런 나쁜 버릇에 대한 경향이 인정되는데 불과하다.

좋은 환경에서 훌륭한 교육을 받게 되면 어버이의 나쁜 경향은 충분히 고칠 수 있다. 또 어버이를 닮지 않은 아이들도 많다. 즉 유전은 자동적으로 성격을 전하지 않는다는 것은 이러한 사실에서도 알 수 있다.

또 '그 사람 혈통이 그러니까 역시 그렇다'라는 말이 있는데, 이 말도 여러 경우에 있어서 때로는 맞기도 하고 때로는 틀리기도 한다. 움직일 수 없는 숙명을 짊어진다는 뜻이라면 잘못된 것이다. 일정한 행동으로 표시되는 경향이 그 사람의 체질 속에 포함되어 있다는 뜻이라면 올바른 견해일 것이다.

사실은 사람의 일정한 연령에 있어서의 성격은 여러 가지 요소의 결과이다. 타고난 기질, 가정이나 학교의 영향, 개체가 환경에 대해 의식적 또는 무의식적으로 나타나는 반응 등이다. 이 세 가지 요소의 중요도의 순서는 지금 말한 바와 같다.

기질이 각 개인의 성격에 한몫 차지하고 있는 것은 태어

날 때부터 갓난 아이에게도 특성이 있다는 것을 뜻한다. ·

체격뿐만 아니라 지적·도덕적 면에서도 차이가 있다. 체격의 크기와 체질의 강약에 차이가 있는 것처럼 두뇌에도 우수한 경우와 우둔한 경우가 있다.

성격의 도덕적 요소에 관해서도 똑같은 차이가 있다. 소화기 계통의 여하에 따라 성급하기도 하고 침착하기도 한다. 그리고 분비와 배설 계통의 여하에 따라 힘이 있고 없기도 하며, 화를 잘 내기도 하고 잘 참아 내기도 한다.

그러나 이 체질이 성격에 미치는 영향을 과장해서는 안된다. 이 영향은 어떤 기질로 나타나는데, 보통 없앨 수는 없으나 의지의 힘으로 잘 지도해서 이끌어 나갈 수가 있다.

아이를 몇 가진 어머니라면 누구나 알고 있는 것처럼 갓난 아이는 같은 환경에서 똑같이 키워도 몇 주일 뒤에는 이미 형이나 누나하고 다른 성격상의 특징을 보이기 시작한다. 태어난 직후에는 아직 얼굴의 생김새가 분명치 못해 그 특징도 처음에는 확실치 않다. 그러나 몇 개월, 또는 몇 년이 지나는 동안에 차차 눈에 띄게 된다.

아이들 각자가 다른 개체이므로 모두 똑같이 취급해서는 안 된다. 형제의 생김새가 똑같을 수는 없다. 그러므로 아동교육은 일찍부터 각 개인의 성격과 필요에 따라 이루어져야 한다.

오늘날 개체가 환경에 대해 반응을 일으킬 때의 체질에 따른 학문(성격학)은 제법 정확한 지식을 이미 확립하고 있다. 이 학문이 더욱 진전되면 과학적인 방법으로 성격상의 결점을 치료할 수도 있게 될 것이다.

그러나 이 분야에의 과학에 너무 기대를 갖지 않는 것이 좋다. 뒤에 말하겠지만 성격은 어느 정도 교육적 환경에 의해 좌우된다. 우선 가정을 중심으로 해서 학교나 사회의 영향이 크게 미친다는 사실을 부정할 수 없다. 그러므로 체질만을 주목해서는 성격의 모든 요소를 올바르게 파악할 수 없다.

그러나 체질에 따른 교육이나 치료를 함으로써 나쁜 경향을 누그러지게 하고 바람직한 경향을 강하게 할 수 있다.

한 가지 예를 들어 보자. 지능이 떨어지는 아이에게 글루타민산을 주면 일시적이나마 놀라울 정도의 지적 진전이 이루어진다. 불행히도 이 약은 될 수 있는 한 많이 먹지 않으면 효과가 없는데, 그로 인해 간장이나 위장이 해를 입게 된다.

적당한 양의 알콜이나 헤로인 같은 마약이 정신에 어떤 영향을 끼치는가도 널리 알려져 있다. 상상력과 지성이 왕성해지며, 입놀림도 빈번해진다. 보통때는 말이 없고 힘이 없던 사람도 술을 조금 마시게 되면 갑자기 수다를 떨며 농담을 던지기도 한다.

이 변화는 주로 신경 계통이 조정 역할을 해서 일어나는 것이다. 또 분비 및 배설 계통에서 성격에 미치는 일도 있다.

어느 종류의 성격상의 결점은 확실히 내분비 작용의 고장에서 온다. 월경이 여자의 성격에 미치는 영향은 여기서 말할 필요조차 없다. 월경중에는 정서가 불안정하고 신경질이 일어나 끝날 무렵에는 비관적으로 되는 여성이 수없이 많다. 갑상선(甲狀腺)에서 너무 과도하게 호르몬을 분비하는 사람, 간장(肝臟)에서 너무 과도하게 담즙(膽汁)을 분비

하는 사람은 자주 화를 내며 짜증을 부리기 쉽다. 약품으로 이 내분비를 줄이면 성격도 차분해진다.

청년이나 독신자는 정결을 유지하는데 고생하는 편인데, 이런 것은 난포(卵胞) 호르몬을 복용하면 해소된다. 이런 약을 복용했을 때의 부작용에 대해서는 언급하지 않겠다. 다만 여기서는 육체가 성격에 영향을 미치는 것을 어느 정도 조정할 수 있다는 것을 지적하고 싶은 것이다.

이런 것을 미루어 보아 확실히 생리가 성격을 형성하는데 한몫 하고 있다는 사실을 부정할 수 없게 된다.

2. 가정과 학교의 환경

가정과 학교 환경이 아이에게 미치는 영향은 지대하다. 이에 대한 아이의 반응에 따라 성격은 크게 차이가 난다.

이 영향은 특히 어릴 때 더욱 두드러지게 나타난다. 어른은 지적으로 발달되어 있고 자제력도 어느 정도 갖고 있다. 때문에 자신에게 가해지는 영향을 생각하고, 그 원인을 판단해서 유익한 것만 받아들이고 해로운 것은 물리친다. 대다수의 어른들은 이렇게 행동한다. 개중에는 많은 점에서 아이와 같은 어른도 있으나, 그래도 원인을 캐고 자기 판단으로 움직일 수 있는 연령에 맞게 행동하고 있다.

그러나 소년기까지의 아이는, 특히 유년기에서는 이런 가능성을 가지고 있지 않다. 완전히 교육자가 시키는 대로 되어 적어도 일정한 계획에 의해 행동할 수는 없다. 아무리 해도 부모나 선생님의 영향을 벗어날 수 없다.

앞에서 말한 것처럼 마음과 몸이 쾌락을 바라고 고통을

피하는 심리에 의해 본능적으로 반응을 일으킨다.

그러므로 심리학자가 유아 교육에는 특히 노련한 기술이 필요하다고 말한 것은 올바른 지적이다.

많은 사실이 말해 주는 것처럼 교육, 특히 가정 환경은 유전보다도 더 강한 영향력을 지니고 있다. 물론 처음에는 유전이 성격의 일반적인 타입, 기질의 방향이나 강도(強度) 등을 결정한다.

신경이나 내분비 관계에 병이 생기는 일, 쇼크, 약을 쓰는 일 등에 의해 변화가 일어나지 않는 한 우리는 체질의 같은 자극을 끊임없이 받는다.

그러나 끈기 있는 성격 교정이나 세심한 정신 수양에 의해 성격이 고쳐지는 사례가 많다. 때문에 성격적인 결점이 있는 아동이라도 잘만 교육시키면 다분히 성격에 좋은 감화를 미치는 희망도 없지 않다. 유아 교육을 담당하게 될 여성 교육에 있어서 이러한 점을 충분히 고려하여 학교 교과 과정이 짜여 있는지 어떤지 안타깝기만 하다.

아이는 타고난 유전에 의해 일정한 성격의 틀을 갖고 있다. 그러나 외부에서 오는 영향은 그 순간부터 작용하기 시작한다. 처음으로 햇빛을 보고 심장이 뛰기 시작할 때부터 갓난 아이의 모든 인격은 맹렬한 생존 의욕으로 인해 최초의 고난을 맛보게 된다.

날마다 모든 분야의 경험이 되풀이된다. 배가 고픈 느낌, 급히 일어나는 배부른 만족감, 상태가 좋은 소화력, 심신의 조화에서 오는 상쾌한 느낌 등으로 생활이 즐거워진다. 이와 반대로 젖을 달라고 울어도 쉽사리 얻어먹지 못하거나, 겨우 얻어먹는 젖이나마 시큼하다든지 소화 불량으로 토해

내어 불쾌감을 일으키면 인생은 슬퍼진다.

또 속옷의 촉감이 좋고 부드러우며 향기 좋은 가루분이 뿌려져 산뜻하면 기분이 흐뭇하다. 여기에 자유롭게 움직일 수도 있고 엄마의 애정 어린 얼굴이 항상 곁에 있으면 아이의 마음은 한없이 평안하다. 이와 반대의 경우도 있다. 축축하고 까칠까칠한 속옷 때문에 그 부근이 콕콕 찌른다. 피부가 짓무르고, 답답한 배내옷 때문에 손발을 자유롭게 움직이지 못한다. 게다가 아무리 울어도 누구 하나 와주지 않고, 엄마의 그늘진 얼굴을 보는 아기의 마음은 슬프고 불안하기 마련이다. 가끔 어두운 눈길로 잠자는 아이를 들여다 보는 참상을 만나게 될지도 모른다.

아기를 돌보는 사람이 자주 바뀌면 아기는 한 사람에게만 정을 붙일 수 없게 된다. 이것이 결국 불만, 실망, 불안한 감정을 불러일으켜 어릴 때부터 성격의 방향이 거의 정해져 버린다.

두 살쯤 되면 그동안의 경험에 의해 어머니가 자신이 바라는 것은 무엇이든지 들어 줄 것이라고 믿고 있다. 욕심나는 것을 눈독들이기만 하면 마련해 준다. 그렇게 되지 않으면 울부짖으면서 손발을 버둥거린다. 그래도 안 되면 발을 동동 구르면서 머리카락을 마구 쥐어뜯는다. 할 수 없이 어머니는 아이의 요구를 들어 주게 된다.

아이도 하나의 폭군이며, 애정을 강요한다. 어머니를 자기 마음대로 다루게 될 때는 버릇없는 습관이 고착된다. 그 습관은 날로 더해져 세상 사람을 모두 자기 부하처럼 여기고, 어떤 요구도 다 이루어진다는 생각을 갖게 된다. 이와 같은 제멋대로의 행동은 죽을 때까지 없어지지 않는다.

이와 반대로 이유 없이 다만 울부짖기만 하는 것으로 쓸 모없다는 것을 알게 될지도 모른다. 꼭 필요한 것은 엄마가 언제나 마련해 준다. 어리광을 부리면 젖 줄 때가 아니라도 잠깐 안아준다.

엄마의 팔은 이불보다 따스하며 손길은 부드럽다. 그러나 안아주는 시간은 얼마되지 않는다. 인생도 이와 마찬가지로 기쁨의 시간은 당분간이고 나머지는 아주 단조로우며 재미가 없다.

"얼굴을 붉히고 화를 내면서 울부짖어도 아무 소용이 없다. 어제 열심히 일하는 엄마에게 같이 놀자고 소란을 피웠어도 땀만 많이 흘려 나만 손해를 봤을 뿐이다. 좀 조용히 지내야 되겠다."

물론 어린애가 이렇게 반성할 리가 없다. 그러나 경험을 통해서 차차 그렇게 배우게 된다. 어머니가 현명한 태도를 일관되게 계속하는 한 아이도 머지않아 되는 일과 안 되는 일을 구분하게 된다.

엄마의 태도는 아이의 성격에 지대한 영향을 끼친다. 어떤 때는 잘못을 하고도 용서를 받는다. 오히려 귀엽다고 칭찬을 받는 경우도 있다. 그런데 어떤 때는 심하게 꾸중을 든는다.

같은 행위에 대하여 칭찬과 꾸중의 일관성이 없게 되면 아이의 마음은 혼란스러워 진다.

이런 아이가 자라서 변덕쟁이가 되고, 착한 것과 악한 것을 구별하지 못해 사회 생활에 순응하지 못한다면 과연 누구의 잘못인가?

요즘 아이들은 군것질을 많이 한다. 그래서 밥을 잘 먹지 않는 아이들이 상당수에 이른다. 아이가 군것질로 인하여 밥을 멀리하면 엄마는 그것을 금지시키려고 노력한다.

아이나 어른이나 한번 생긴 버릇을 하루 아침에 고치는 것은 힘이 든다. 군것질에 인이 박힌 아이는 밥과 반찬 등의 음식물은 먹고 싶지 않다. 과자가 훨씬 좋다. 엄마는 안 된다고 하면서도 계속 떼를 쓰면 끝내는 준다. 바람기 있는 남편의 대다수는 엄마한테 어리광부리면서 자라난 사람이라고 한다. 어리광을 받아주는 어머니는 아이의 잘못된 일도 용서하고, 지나친 행동도 타이르지 않으며, 함부로 돈을 쓰는 줄 알면서도 무턱대고 용돈을 준다. 언제까지나 아이의 주장만 들어 주게 되면 극단적인 이기주의자가 되기 쉽다.

또 어머니가 너무 매정스럽고 엄격한 경우도 있다. 감상적인 성향을 무척 싫어하여 씩씩한 성격을 갖도록 만들고자 한다. 딸이나 아들이나 강하지 않으면 이 세상을 살아갈 수 없다고 생각하여 아이에게 상냥하게 대하지 않는다.

여자로 태어난 것을 억울하게 생각하는 어머니는 아이를 지나치게 보호하여 키워서는 안 된다고 생각하고 있다. 이 어머니의 어머니는 권위를 내세우는 남편에게 절대적으로 복종하며 살았다. 어머니의 답답한 인생에 질려서 강하게 살고 싶다, 남자처럼 살고 싶다고 생각하고 있는 것이다.

그래서 사춘기 소녀 때부터 연약한 것을 버리고 남자처럼 행동했으며, 자라서는 술을 먹고 담배도 피웠다.

그런데 불행히도 태어난 아들은 감수성이 예민한 예술가 타입이다. 이 아들은 일찍이 엄마한테 따뜻한 보살핌을 받은 일이 없다. 때문에 애정에 굶주려 외톨이로 지내며 언제나 슬픈 표정을 짓는다.

이렇게 성장한 사람은 결혼을 해서 아내로부터 모성애를 구하려고 한다. 그러나 아내는 남자답고 강한 남편을 원하는 것이 일반적인 현상이다. 그러므로 부부 사이는 원만치 못한다. 남편은 항상 아내의 애정을 바라고, 아내를 독차지하고 싶어서 아이 따위는 바라지도 않는다. 그 남편의 어머니가 그렇지만 않았어도 문제 남편은 되지 않았을 것이다.

가정 교육이 잘못된 아이는 늘 잔소리하는 선생님이나 성직자를 꺼린다.

일남이는 옆자리에 앉은 문방구집 아들 철수의 필통을 훔쳤고, 과일 가게에서는 참외를 슬쩍했다. 어머니는 그것을 알면서도 벌을 주거나 야단치지 않는다. 문방구집 아들에게 있어서 필통 하나는 아무것도 아니며, 과일 가게 주인에게 있어서 참외 하나는 대수롭지 않다고 생각했기 때문이었다. 아버지도 버스 요금을 속이기 위해서 형에게 동생의 할인권을 쓰도록 한다. 전기 요금을 줄이려고 계량기를 속이기도 한다.

이러고도 집안 식구들 모두가 전혀 양심의 가책을 느끼지 않는다.

일남이는 성장하여 결국 사기죄로 불려간다. 부모가 당황해서 피해자와 타협하기를 바라고, 변호사에게 부탁해 최소한도의 처벌로 마무리지으려 한다. 일찍이 필통, 참외, 버스 요금, 전기 요금 따위로 절약한 것보다 훨씬 더 많은 돈이 들어간다.

부모는 최소의 처벌로 마무리지으려고 기를 쓰는 바람에 울 틈도 없겠지만, 일남이의 젊은 아내와 머지않아 태어날 아이에게는 눈물의 씨앗이 된다. 일남이의 기질이 그를 도둑이나 사기꾼으로 만들어 놓은 것이 아니다. 부모로부터 받은 교육이 일남이를 그렇게 만든 것이다.

어린 시절의 가정 환경은 대개 그 아이가 어른이 된 다음의 생활 태도를 결정짓게 된다. 이 영향의 실마리는 곧바로 알게 된다. 어린이는 환경의 감화력에 거의가 대항하지 못한다. 물론 반응을 보이기는 하나, 쾌락을 좇고 고통을 피하는 심층 본능(深層本能)의 자극에 의해 움직일 따름이다.

아이는 교육에 의하여 인간으로서 성장한다. 좋은 습관이나 나쁜 습관이나를 막론하고 가정이나 학교, 그리고 사회로부터 배운다. 훌륭한 부모는 자녀에게 좋은 습관이 몸에 배도록 교육시키고, 나쁜 부모는 그런 것에 크게 신경 쓰지 않는다. 지각이 없는 부모는 미련하게도 아이가 제멋대로 하는 습관을 더 자라게 하고, 그중에는 될 대로 돼라는 태도 때문에 아이의 나쁜 버릇이 점점 더 심해지는 일도 있다.

세상에서 자녀 교육처럼 어려운 일은 별로 많지 않다. 아이는 부드러운 진흙처럼 마음먹은 대로 틀에 맞게 잘 만들어지는 것은 아니다. 그러나 노련한 교육자는 현명하게 아이의 성격 형성에 영향을 주어 올바른 방향으로 이끌어 준다. 서서히 지성이 싹터가는 아이는 이 감화력에 대응할 수 없게 된다. 아이가 넘어져 울어대도 잠시 관심을 다른 곳으로 돌리게 되면 즉시 울음을 그치는 것을 어머니는 잘 알고 있다. 이와 같이 해서 위험한 놀이에서 건전한 놀이로 방향을 돌릴 수 있다. 먹기 싫어하는 것이라도 다음에 좋아하는 과자를 입가심으로 준다고 하여 먹게 할 수도 있다.

세상에는 전혀 교육적 감각을 갖고 있지 않은 어머니도 많다. 그런 어머니들은 단지 한 여자의 감정에 의해 자녀를 대한다. 또 여자로서의 삶에 불만을 품고 있기 때문에 엄격한 교육자가 되는 어머니의 이야기는 앞에서 말한 바 있다.

그러나 부부간의 불화가 잦아지자 아이만을 맹목적으로 사랑하여 어리광을 피우게 만드는 어머니는 이보다 훨씬 많다. 대부분의 어머니는 깊은 생각없이 마음속의 여러 가지 감정 그대로를 자녀에게 전이시키고 있는데, 이런 태도에서 파생되는 문제는 아이의 성격이나 정서에 심각한 영향을 미친다.

어머니가 어떤 동기로 교육을 맡게 되더라도 아이는 옳고 그른 것을 판단해서 좋은 감화만 추려서 받을 능력이 없다. 아이는 자기 보존, 생존 의욕, 행복 욕구의 본능 말고는 별다른 저항을 하지 않고 둘레의 생활 양식에 물들어 간다.

아이들은 교육자의 방침을 행동으로 실현하고자 한다. 이 방침이 아이의 마음에 들면 따르게 되지만, 마음에 들지 않는다든지 적당치 않다고 생각되면 반항하고 도망치게 된다.

그러나 도망친다고 하더라도 끝까지 도망칠 수는 없다. 그러므로 강력하게 인간의 권리를 주장하기도 한다.

앞에서 말한 남자 같은 어머니에게서 자란 자녀의 정서는 굴곡되어 있는 경우가 많다. 애정에 굶주리고 있기 때문에 병적인 애정 욕구를 마음속에 두고 있다. 그래서 반항이나 변태성을 나타내는 일도 있다.

수동적 반항도 적극적 반항과 마찬가지로 똑같은 욕구 불만의 표현 방법이다. 그런데 이것은 음성으로 숨겨져 있는 만큼 더욱더 무서운 기질의 힘을 강화시켜 마음속 깊이 뿌리를 내리게 된다.

무턱대고 엄격하기만 한 교육을 받고 열등감이 심어진 아이는 평생토록 이 열등감에 지배를 받게 된다. 그 열등감은 모든 인간 관계에 여파를 주고, 직업이나 사회 활동을 좌우하기도 한다.

그러므로 현대 심리학자들이 유년기의 중요성을 강조하는 것도 당연한 일이라고 하겠다. 성격의 기초가 만들어지는 것은 유년기인 것이다.

성년기에 이르게 되면 성격의 상부 구조가 만들어지는데, 이것도 어릴 때의 토대 위에 쌓아올린 것에 불과하다.

어떤 학자는 《다섯 살의 어른》이라는 책을 저술했다. 이 역설적인 제목은 장래 성격의 중요한 특징은 이미 5세 때 확정된다는 사실을 말하고 있다.

3. 자기 의식

인간의 심리는 제3의 요소에 강하게 의존하고 있다. 인간은 타고날 때의 성질이나 가정, 학교 등의 환경에 의해 영향을 받을 뿐만 아니라 이런 두 가지 근본적인 원인에 대해 따르느냐, 거역하느냐의 두 자각적 태도에 의해서도 영향을 받는다.

이러한 영향에 대해 어린이는 뚜렷한 반응을 보일 수 없다. 그러나 소년기에 접어들면 더한층 자각적인 태도를 취하게 된다.

이와 관련되어 있는 어느 소설의 한 예를 인용한다. 메리메(prosper Mérimée)의 작품 가운데 8세의 아이가 말썽을 피웠다는 이유로 부모한테 심하게 꾸중을 듣고, 그 벌로 일찍 자도록 명령을 받는다.

이 아이는 몹시 후회하고 울면서 잠시 계단 밑을 서성거린다. 그런데 부모가 큰 소리로 웃으면서 저 아이는 비교적 순한 아이라고 얘기하는 것을 엿듣는다.

부모의 그 말이 소년의 마음을 세차게 흔들어 놓고 만다. 그때부터 소년은 부모의 말을 듣지 않겠다고 굳은 결심을 하고, 말도 하지 않겠다고 작정한다. 그리고 이 소년은 결심을 실행에 옮김으로써 많은 문제를 야기시킨다.

이 단편은 제3의 요소, 즉 아이의 자각적인 결심이 어떠한 작용을 미치는가를 잘 보여 주고 있다. 어떤 쇼크를 받고 일정한 태도가 취해지면 자존심이나 마음의 상처에 힘입어 그것을 끝까지 군건히 지키는 경우가 있다.

불을 무서워하는 아이가 있다고 하자. 아이가 불을 무서워하는 것은 오랫동안 생각한 후의 결단이 아니고 약간 반성한 결과에 불과하다. 그것은 반응의 부류로 이해해도 별 무리가 없다. 불을 멀리하는 것은 일찍이 화상으로 아픈 경험을 당해 본 기억이 있거나, 누군가로부터 화상을 입게 된다는 경고를 믿고 일으키는 반응이다. 즉 기억과 지성이 작용하고 있음으로 해서 불을 무서워하는 것이다. 그러므로 이것은 의식이 없는 태도라고는 말할 수 없다.

약속한 상을 받는다든지, 벌받는 것을 회피하려는 아이의 반응도 이와 똑같다. 이 경우에도 지성과 기억이 의식적으로 개입하고 있다.

일단 받아들여 거듭 반복하는 태도가 모르는 사이에 습관화되면 처음엔 충분한 이유가 있어서 그런 태도를 취했다는 사실이 노이로제에 빠지는 위험을 막아 준다.

하나의 사상과 원리, 감정과 감동 등은 슬며시 마음속으로 스며들어와 본인도 모르는 경로를 통해서 마음속에 자리 잡고 몰래 행동을 하는 것은 아니다. 때문에 자기 합리화 등은 도덕적 위험이 없다고는 말할 수 없지만, 적어도 노이로제가 되는 직접적인 위험은 피할 수 있다.

아이는 나이를 먹을수록 언젠가 어떤 쇼크를 받은 결과로써 단호한 결심을 내리게 된다. 나한테 상담을 받은 실례를 들어 보기로 하자. 이 사람은 지금은 이미 어른이 되어 있는데도 어릴 때의 인상을 지금껏 뚜렷하게 기억하고 있었다. 메리메의 단편처럼 언제 몇 시의 사건까지도 기억하고 있는 것이다.

이미 40세가 된 어느 부인은 네 살 때 백합꽃이 만발한 정원에서 큰어머니로부터 우연히 "이 아이는 다른 아이보다 예쁘지가 않다."라는 말을 들었는데, 그 말을 지금까지 기억하고 있었다. 이 말이 귀에 붙어서 잊혀지지 않았고, 그로 인해 얼굴을 붉히는 처녀가 되어 슬프고 우울한 청춘을 보내야 했다. 그런데 어느 청년의 사랑 고백을 받고 자신에게도 상당한 매력이 있다는 것을 알고나서 놀랐다.

9세 때 아버지를 따라 서커스 구경을 간 청년이 있었다. 거기에는 유명한 익살꾼 역할을 하는 배우가 아이들의 인기를 사로잡고 있었다. 그 배우는 막간에 귀신탈을 쓰고 등장하여 아이들을 깜짝 놀라게 했다. 아버지를 따라간 소년은 너무 무섭고 놀라서 큰 소리로 울었는데, 아버지의 꾸중을 듣고 집으로 돌아왔다.

그로부터 몇 년간 카니발의 가장 행렬을 절대로 보러가지 않았으며, 탈을 쓴 사람을 보고 무서워하지 않기 위해서는 10여 년의 세월이 걸렸다.

독자도 기억을 더듬어보면 어린 시절에 이와 흡사한 쇼크를 받은 일을 생각해 낼 수 있을 것이다.

각자의 '성격 요소'라고 하는 것은 이런 것이다. 어떤 사람은 낙천적 유전을 받고, 어떤 사람은 염세적 유전을 받는다. 또 그 사람이 태어나고 자란 환경이 성격의 방향을 강하게 하기도 하고 새롭게 하기도 한다.

어떤 사람은 이른바 '외상성 신경증(外傷性神經症)'을 지닌 양친의 영향을 받아 노이로제 경향의 열등감을 지니고, 어떤 사람은 건전한 환경에서 성장하여 그러한 경향을 벗어나고 있다.

그러나 열등감이 전혀 없는 사람은 한 사람도 없다. 특히 현대 사회에서는 부모나 선생님이 사회 관습에 따라 취하는 태도가 자주 아이들의 자존심을 상하게 만든다. 현명한 교육자는 이런 열등감이 있는 사람들을 어느 정도 줄이고, 그 해를 없앨 수 있다. 그러나 그런 교육적 지혜를 가진 사람은 그리 많지 않다.

이상의 설명에서 결론이 분명히 나타난다. 바람직한 자녀 교육을 위해서는 먼저 부모의 몸과 마음이 건전해야 하며, 불필요한 열등감을 갖지 않아야 한다. 또 아이를 삐뚤어지게 하는 바보짓을 하지 말 것이며 뚜렷한 교육 방침을 세우고 그것을 지켜나가는 것이 바람직하다. 여기에는 자제력과 덕성을 길러 내는 노력이 절대 필요하다.

세계 발견으로

갓 태어난 아이는 전혀 능력이 없다. 들을 수도 없고 볼 수도 없다.

폐장(肺臟)을 제외한 바깥 세상과의 관계는 모두 입안으로 들어온다. 젖꼭지를 입에 물고 외부 세계와 대면할 뿐이어서 가족, 지구, 위성, 우주 등에 관해서는 아무것도 모른다. 완전히 자기 혼자 뿐이어서 힘껏 살고자 하는 욕망만 있다. 위장에 스며들 정도로 뼈저리게 느끼는 욕구는 어떻게든지 굶주림을 막아내는 것 뿐이다.

다른 동물에 비해서 걸어다닐 수도 없고, 먹이를 찾아다닐 수도 없다. 이렇듯 자력할 힘은 없으나 반면에 가능성은 참으로 풍부하다.

아이는 모든 것이 수동적인 자세로 보이나 실제로는 참으로 활동적이다. 태어난 후 몇 주일 동안은 다만 잠만 자고자 한다. 젖을 먹고 싶으면 가끔씩 눈을 뜨고, 다 먹고 난 다음에 또 잠든다. 수태(受胎) 이후 그 창조적 활동은 비교적 둔해져 있다.

임신 몇 개월 동안과 똑같이 여러 가지 기관을 만드는 작업을 하는 것도 아니다. 신장과 체중이 느는 것도 태아가 발달하는 속도와는 비교도 안 된다. 수태할 때는 0.02센티미터, 1개월 후에는 1센티미터에서 50배가 된다. 이 배율(倍率)은 두 달 후에 4배, 석 달 후에는 2.25배, 넉 달째는 1.75배, 다섯 달째는 1.15배가 된다. 즉 태어날 때부터 한두 달 간의 배율을 유지하여 자란다면, 30일 후에는 2미터 이상의 거인이 되는 셈이지만, 신체의 성장에는 한계가 있다.

그러나 그 순응능력과 모든 분야에 대한 진보는 놀랄 만한 것이다. 태어나면 우선 산소에 의한 영양 섭취 방법을 급하게 변경시키지 않으면 안 된다. 임신중엔 어머니의 혈액에서 영양을 취하며, 침투 작용에 의해 어머니와 태아와의 순환 계통인 동맥의 내막(內膜)을 통해서 태반(胎盤)에서 산소 교환이 이루어진다. 이 교환 통로인 탯줄이 끊어지기 때문에 태어난 즉시 이 수동적 차용 방식이 폐지되어 혼자 힘으로 해야할 필요가 생긴다. 혼자서 영양을 취하지 않으면 안 되고, 게다가 몇 초 동안에 이 변혁을 해치워야 한다.

폐포(肺胞)의 주름이 펴져 공기로 불룩해지기 때문에 입과 코의 구멍이 열려서 갓난 아이는 첫울음을 터뜨린다. 동시에 신장의 두 심이(心耳) 사이의 입[口]이 닫힌다. 혈액도 다른 순환을 시작하여 폐를 통해서 더러운 것을 씻어내고 충분히 산소를 취한 다음, 1분간에 몸 전체를 80번 순회하는 비율로 산소를 공급하면서 돌아다닌다.

먹고 자는 동안에도 갓난 아이의 세포는 활발하게 일하고 있다. 몇백만이나 되는 신경 세포에서 나오는 많은 신경 섬유(神經纖維)는 내장 기관 또는 근육 조직과 새로운 연결을 만든다.

신체가 완성되어 시청각의 절묘한 구조도 머지않아 만들어진다. 갓난 아이는 한쪽 눈을 뜬 다음에 이어서 다른 한쪽 눈마저 뜨게 된다. 그러나 처음에는 아무것도 분별하지 못하며, 눈앞을 가리는 손마저 볼 수 없다.

4주일이 지나면 12개의 작은 근육이 눈알을 자유롭게 움직이도록 한다. 그래서 벽이나 창문을 쳐다본다. 특히 요람에서 놀고 있는 자기를 들여다보기도 하며, 달래는 사람의 얼굴을 바라보기도 한다.

2개월이 지나면 가까운 물체를 복합적으로 확인하게 된다. 갓난 아이는 강한 빛을 좋아한다. 5주일이 지나면 붉은색이나 주홍색을 보고 기뻐서 울음을 멈출 정도이다.

손은 세계를 탐색하는 두 번째 도구가 된다. 8주쯤 되면 장난감을 잔뜩 움켜쥐게 되는데, 아직 눈과 손은 잘 조화되지 않는다. 손에 잡고 찬찬히 바라볼 수 있게 되려면 3개월이 지나야 된다.

갓난 아이는 귀머거리와 같아서 어떤 시끄러운 소리에도 반응을 보이지 않으나, 시간이 흐르면서 서서히 청각이 움트게 된다. 청각이 트이면 문을 닫는 소리만 나도 깜짝 놀라며, 2개월 이내에 사람이 붐비는 것을 좋아하게 된다. 이때부터는 방에 혼자 놔두면 울고, 가족끼리 모여 즐겁게 놀고 있는 방으로 데려가면 울음을 그친다. 이것은 사교성이 움튼다는 증거인데, 갓난 아이도 다른 사람들과 어울리기를 바라는 것이다.

4개월이 지나면 일반적으로 지각이 싹트는 것이 눈에 띄게 된다. 눈을 사방으로 움직여 물건을 뚫어지게 쳐다본다. 의자 한구석에 앉혀져서 가족들이 하는 몸짓을 구경하려 한다. 이미 물건을 구별할 수 있기 때문에 눈앞에 있는 장난감에 엄마의 모습이 어른거리면, 엄마와 장난감을 번갈아 쳐다본다.

이때까지는 주먹을 쥐고 있었는데, 이제는 손을 편 채로 있다. 두 손을 동시에 움직여 물건을 입에 나른다.

이러는 동안 몸의 모든 부분과 물체를 구별하게 된다. 몇 주일 지나면 눈의 운동에 손이 따라가 물건을 만지고, 움켜잡기도 하고, 비벼대기도 한다.

손으로 물건을 움켜잡을 수 있게 되면 입술을 사용해서 지식을 얻게 된다. 움켜잡은 물건은 무엇이든지 일단 입에 갖다 넣어서 시험한다.

이 무렵은 사교성도 강해지며, 사람들의 관심을 끌려 하며, 특히 저녁때가 되면 사람들이 말을 걸어주거나 노래를 들려주기를 원한다.

음향, 특히 사람의 말소리를 듣고 분별하기 시작한다. 이미 엄마를 알아보고 엄마가 오면 갑자기 웃고 매달리지만, 모르는 사람을 대하면 표정이 없거나 혹은 울어대기도 한다.

갓난 아이의 표현 수단도 다양해져서 쿡쿡 소리를 내기도 하고, 거품을 물기도 하며, 웃는 얼굴을 보이기도 한다. 희망과 두려움을 나타내고, 손을 뻗치어 사람에게 매달리기도 한다.

세밀한 것은 이 정도로 해두고, 여기에 계속되는 몇 개월 동안의 아기 성장 과정의 큰 단계만 설명하고자 한다.

6, 7개월쯤 되면 물건의 입체감을 알게 된다. 집게손가락으로 구멍을 뒤지기도 하고, 찻잔의 흠집을 만지기도 한다. 이러는 동안에 물건의 깊이와 단단함, 그릇과 그릇 속에 들어 있는 것, 높은 것과 낮은 것, 안쪽과 겉면, 나누고 더하는 따위의 감각을 얻게 된다. 또 원근법으로 물건을 보기 시작한다. 4개월쯤 되면 기껏해야 손에 닿지 않는 접시를 잡으려 할 정도인데, 이런 생각은 아직 완전한 것이 아니다. 거리에 대한 감각은 아직 미숙하나 차차 알게 된다.

이 무렵이 되면 숫자에 대한 관념도 생긴다. 두 가지 것을 하나로 합친다든지, 물건을 연결시키는데 흥미를 갖게 된다.

새로운 놀이도 익혀서 손을 잡거나 빠이빠이(안녕)하는 인사도 할 수 있게 된다.

성격의 특징도 나타난다. 지금까지 갓난 아이는 많이 먹으려고 무엇이든지 입에 갖다 넣으려 했지만, 차차 차분한 아이인지 성급한 아이인지를 알게 된다. 여자 아이라면 벌써 사람을 무서워하게 된다.

첫돌을 전후해서 사람의 손을 빌리지 않고 걸어다닌다. 그러면 더 열심히 넓게 세상을 바라보게 된다.

혼자서 걷게 되면 세상사에 파고든다. 손에 이끌려 산책도 하며, 언덕에 기어오르는 것을 여러 사람이 구경해 주었으면 한다. "안녕!"하는 인사말을 하기도 하고, 무엇인가 했을 때 사람들이 웃으면 그것을 되풀이하려 한다. 박수 갈채를 바라고 있는 것이다.

무엇이든지 어른 흉내를 내려 한다. 어른이 방울을 울리면 아기도 즉시 손을 내밀어 방울 소리를 내고 싶어한다.

이러한 경험은 모두 소중한 것이다. 이로 인해 자기와 남의 개성을 의식하기 시작하는데, 차츰 자기 본위의 짙은 안개 속에서 빠져나와 객관적인 외부 세계를 깨닫게 된다.

이 무렵 갓난 아이의 감정은 분명히 나타나게 된다. 어른의 무릎에 기어올라 얼굴을 매만지는 등의 행위로 애정을 표현한다.

15개월이 되면 좁은 공간에서 뛰쳐나오려 하며, 18개월째는 거기에 갇혀 있는 것이 싫어서 반항한다.

시간 관념도 조금은 알게 된다. 아침, 저녁, 어제, 오늘 등을 구별하는 것은 아니지만, 사건의 순서는 알게 된다. 가령 아침 식사가 끝난 다음에 일정한 자리에 있게 되고, 점심을 먹은 다음에는 낮잠을 잔다는 것도 알고 있다. 슬슬 유모차를 타고 밖으로 나들이하는 시간이라는 것도 알고 있으며, 차안에서는 움직이는 것을 뚫어지게 쳐다본다.

공간에 대한 관념도 싹트게 된다. 그래서 여행하는 것이 중요한 관심사가 된다. 목적도 없이 물건을 이곳 저곳으로 가지고 다닌다. 이리하여 사물을 알게 되고 여기라는 장소도 알게 되지만, 멀리 있는 것이나 울퉁불퉁한 것은 잘 모른다. 때문에 머리를 부딪치기도 하고, 무엇에 걸려 넘어지기도 한다,

'지금'이라는 뜻도 알게 된다. '머지않아'라고 말을 해도 이 말이 지금 당장을 가리키는 것이 아니라는 것만 알고 있을 뿐 전체 말 속에 이 '머지않아'라는 말을 넣어 구사할 수는 없다.

끝난 것을 좋아하는 듯 하나의 행동이 끝남을 나타내는

말 — 그래, ……이다, ……이야 등 — 을 좋아한다.

　형제·자매 이외의 아이들은 자신과 똑같은 사람이라고 생각지 않기 때문에 물건처럼 취급한다. 그래서 때리고 꼬집어도 자신처럼 아프리라고 생각지 않는다. 완전히 자기 본위이며, 남의 입장에서 동정할 줄 모른다.

　어른 흉내를 많이 내고 싶어한다. 조그마한 의자에서 발을 꼬고 신문 따위를 읽는 시늉을 한다.

　연필로 그 무엇을 쓰고, 비를 손에 들고 깨끗이 청소한다고 하지만 오히려 더럽히는 수가 많다.

　장난감 전화통의 다이얼을 돌리기도 하고, 동그라미나 네모 속에다 크기나 모양을 고려하지 않고 물건을 집어넣는다. 텔레비전의 스위치를 누르고 어른들이 난처해 하면 더욱 재미있어 한다.

　서랍의 자물쇠를 잠그려다 엎어지기도 한다. 자물쇠는 아이의 손이 닿지 않는 곳에 두어야 한다. 또 창문은 어김없이 잠그고, 계단 가까운 곳에 접근하지 못하도록 하여야 한다.

　갓난 아이가 놀고 있는 장소에는 될 수 있는 한 잡다한 장난감을 많이 놓아 두는 것이 좋으며, 전류에 닿지 않도록 주의하지 않으면 안 된다. 곧잘 콘센트를 입에 넣기도 하고, 날카로운 금속 제품을 구멍 속에 밀어 넣기도 해서 감전될 위험이 있기 때문이다. 집 밖에서는 모래 장난을 퍽 좋아한다.

　21개월이 되면 조금씩이나마 소유권을 깨닫게 된다. 자기 자리를 정해 달라고 조르기도 하며 '이것은 태식이 것이다' '이것은 선희 것이다'라고 하는 뜻도 알게 된다.

　다른 사람이 가지고 있는 물건은 그다지 귀중하게 생각지 않으면서 자기 것은 퍽 소중하게 다룬다. 남의 물건을 한번 자기가 가지려고 마음먹으면 이것을 되돌려 주는데 애를 먹는다.

이 나이쯤 되면 자신의 능력을 남에게 보이려 하기도 하고, 봉사정신도 우러난다. 18개월쯤부터는 벌써 아빠의 신발을 갖다 주기도 한다. 서랍을 뒤져서 물건을 꺼내기도 하고, 또 제자리에 되돌려 놓기도 한다. 물건을 두는 자리도 제법 알게 되는데, 단정하게 정리하는 법은 아직 모른다.

지성도 움튼다. 행동도 자각이 강해져서 이러이러한 짓을 하게 되면 어른들한테 꾸중을 듣는 것을 깨닫는다. 그래도 장난을 치는데, 그런 후 교묘하게 어른들의 관심을 딴 데로 돌리게 만들기도 한다. 도덕 관념이 천천히 싹트고 있다는 증거이다.

2세가 되면 언어가 두드러지게 발달한다. 서투른 말씨가 없어지고 어구(語句)가 비교적 고르게 된다. 낱말을 되풀이 사용함으로써 이해하게 되고, 물건을 셈하기도 하며, 앞으로 취할 행동을 큰 소리로 예고하기도 한다.

기억하고 있는 낱말은 백 개 정도인데, 낱말에서 문장으로(물론 간단한 문장이기는 하나) 옮겨지는 과정에서 뇌수나 신경의 눈부신 진보가 있는 것이다.

모든 분야에서 동작이 잘 이루어진다. 숟가락을 꼭 잡게 되며 밥을 입에 갖다 넣는 법이 훨씬 나아진다. 한 손으로 단단하게 밥공기를 들고 입가에 대보고 또다시 밥상 위에 도로 갖다 놓는다. 이제는 다른 사람의 손을 빌리지 않아도 먹을 수 있게 되는 아이도 있다.

용변을 보아도 뒤를 깨끗하게 처리할 수 있으며, 기운이

꺾이는 일도 적어진다. 이런 점은 여아가 남아보다 야무지다. 용변을 보러갈 때에는 남의 손을 빌리는 아이라도 용변을 보는 동안은 혼자 있기를 바라는 아이가 많다.

노는 방법도 많이 발달되어 있다. 지금까지는 외톨이로 놀고 있었으나 이때가 되면 혼자 놀더라도 다른 아이의 흉내를 내며 노는 경우가 많다.

아이를 순하게 다루려면 어떻게 해서든지 그 아이의 관심을 다른 방향으로 돌리도록 하는 것이 좋다. 대야의 물로 손을 씻지 않고 물장난만 하는 아이라면, 대야에다 물을 쏟기전에, "물장난 안하겠어요." 등의 말을 하도록 유도하는 것도 하나의 방법일 것이다.

또 다른 놀이로 관심을 돌리는 것도 좋을 것이다.

"이번에는 찰흙으로 반죽해 볼까?"

놀이를 그치게 하고 빨리 식사를 시키려면, "인형도 이젠 잠을 자야지." 하는 등의 방법도 있다.

물건 하나를 놓고 서로 빼앗으려 하면, "저것이 깨끗해서 좋구나."라고 말해서 주의를 딴 데로 돌리게 한다.

30개월쯤 되었을 때는 어렵다. 이때는 이상하게도 버릇없는 주제에 습관을 소중하게 여기기 때문이다. 권위에는 반항하지만 전통을 굳게 지킨다. 기구를 바꿔놓기도 하고, 신발 등의 위치를 옮기기도 하지만, 하찮은 변화는 싫어한다.

이 나이 때는 독립심이 강하다. 자유롭게 행동할 수 있기 때문에 삶의 힘이 넘쳐 자제력을 잃고 호기심에 이끌려 무엇이든지 경험하려 하며, 흥미를 갖고 몰두하게 된다. 아무것이나 관심이 가기 때문에 앞뒤를 돌보지 않고 덤벼든다. 해서는 안 되는 것도 잊어버리고, 설령 생각했다 하더라도 모험심에 이끌려 결국 그쪽으로 나아간다.

3세 때가 가장 귀여울 때다. 조금씩이나마 말을 삼가하는 것을 배우고, 단추를 잡아떼지 않고 풀 수 있는 정도의 자제심을 갖게 된다.

잠자리에서 오줌누는 일은 적어진다. 옷입는 법도 훨씬 나아진다. 지적으로 '셋'이라는 생각을 갖게 되어 그림도 3가지 물체를 그리고, 나무토막 3개를 가지고 다리를 놓기도 한다.

낱말 수도 제법 늘고 새로운 단어도 알게 되어 새로운 발음을 하고 나서는 기뻐한다. 어른들이 하는 말을 듣고 말뜻을 짐작하며, 말과 동작을 연결시켜 행동하고 그것을 애기하고자 한다.

낮과 밤을 구별하고 잠자는 동안 꿈을 꾸기도 한다.

반 년 전보다 차분해져 곧잘 말도 잘 듣는다. "지금은 먹는 시간이 아니다."라고 타이르면 먹고 싶은 것을 참을 수 있는 자제력을 보인다. 만져서는 안 된다고 말하면 그다지 만지려고 하지 않는다. 장난감을 정리 정돈하는 일도 곧잘 하며, 간단한 용무라면 시키는 대로 잘 해치운다.

요컨대 3세 아이는 지혜도 약간 생기게 되고, 성격도 고분고분하기 때문에 협조적이라고 말할 수 있다.

4세쯤 되면 귀여운 공상가가 된다. 상상력도 왕성해져서 대수롭지 않은 소재로 병원, 상점, 창고, 부엌, 식사 등 무엇이든지 만들어 낸다. 상징(象徵)에는 그다지 구애받지 않는다. 한 개의 나무토막이 집이 되고, 차도 되고, 인형이 되기도 한다. 허풍쟁이처럼 전지 전능이며, 무엇이든지 해보인다고 장담을 하게 된다. 또 자신이 하는 일에 남의 관심을 집중시키려 한다.

"엄마, 아빠 봐. 내가 날아볼 테니까."

무턱대고 떠들어 댄다. 새로운 말을 만들어 되풀이하여 수다를 떤다. 물건에 엉뚱한 이름을 붙여 놓고 마구 떠든다.

4세짜리 아이의 말은 다만 기술적(記述的)인 말뿐인데, 그것도 노골적이며 부사가 너무 많다. 반드시 보어(補語)를 써서 '응, 너라도'라든지 '……라고 하면은' 하고 말한다.

자신의 주장을 발표하기도 한다. 가끔 이치에도 닿지 않는 억지 이론을 주장하여 다른 사람을 난처하게 만드는 일도 있다.

한꺼번에 두 가지 일을 할 수 있게 되면 '왜? 어째서'를 수없이 하게 된다. 생각도 많이 정리되어 금요일 다음은 토요일이라는 것쯤은 이해하게 된다.

부모는 절대적인 권력자이며, 부모가 하는 말은 잘못이 없다고 믿는다. 부모의 권위를 믿고 다른 사람한테 대항한다. "하지만 엄마가 그렇게 말했다."라는 식으로. 반대하는 것보다는 흉내내는 것을 더 자신 있어 하고, 지혜가 발달되는 것도 빨라져 어른의 행동을 그대로 재연하려 한다. 아빠의 전화하는 모습을 흉내내어 소리의 억양까지 흡사하게 해보인다.

이런 아이를 보는 것은 즐거운 일이다. 또 4세의 아이는 시키는 대로 말을 잘 듣고, 부모의 승낙을 바라면서 곧잘 "아빠, ……해도 좋아?"하고 물어 본다.

사교성도 발달되나 아직 친구를 사귀는 범위는 좁다. 친구도 한 사람과는 잘 어울리는데 두 사람 이상이면 곧잘 싸운다. 자기 것은 남의 것과 비교하여 "이 풍선이 네것보다 훨씬 크다.”는 등의 말을 한다.

돈의 가치를 어느 정도 알게 되어 100원으로 캬라멜을 몇 개 살 수 있는가를 알게 된다. 종이로 만든 돈으로 팔고 사는 흉내를 내기 시작하여 물건을 서로 교환하는 장난을 하게 된다. 그리고 흥정하는 법도 배우게 된다.

“이 장난감을 줄 테니까 과자 몇 개만 줄래?”

아이들은 이런 놀이를 통하여 사회성을 배우게 된다.

철학적·종교적 관심도 강해진다. 죽음에 대해서도 질문하게 되는데, 물론 죽음의 뜻 따위는 잘 모른다. 사물의 기원을 알고 싶어해서 태양과 달은 누가 만들었는지 등등을 묻는다. 이때까지는 동물 그림에만 몰두하지만, 서서히 예수 생애의 그림책 등을 가지고 와서 설명을 듣기도 하고, 이상한 점을 물어 보기도 한다.

5세가 되면 발달 속도가 약간 늦어진다. 일반적으로 읽고 쓰지는 못하지만, 많은 것을 익히고 있기 때문에 어른의 문화에 점차 동화(同化)되는 시기이다. 기계 조립 같은 것도 짝이 맞도록 하는 등 젖먹이 때나 2세 때의 아이 시절을 비추어 본다면 모든 점에서 굉장히 발달한 것이다.

사용 낱말도 2,000여 개쯤 되고, 생각을 충분히 표현하게 된다. 시간 관념도 확실해져서, 과거, 현재, 미래를 대략 구별한다. 갓난 아이 때의 일을 얘기하기도 하고, 장래 어른이 되었을 때의 일을 생각해 보기도 한다. “앞으로 크게 되면…….”하고 말하는 것은 2세 때에는 전혀 몰랐던 시간의 경과를 어느 정도 알고 있다는 증거다.

공간에 대한 관념도 어느 정도 알게 되고, 셈도 알게 된다. 하나에서 열까지의 숫자를 헤아리게 되고, 곧이어 그 이상의 수에 대해서도 말한다. 그러나 큰 숫자의 개념은 잘 모르고, 다만 많고 적은 것과 빠르고 느린 것을 구별하는데 도움이 될 뿐이다.

다른 사람의 세계에도 서서히 끼여들게 된다. 두 살 때는 혼자 놀고, 세 살 무렵엔 친구와 단둘이 놀며, 4~5세가 되면 많은 친구들과 어울리게 된다. 또 무엇이든지 자기 것으로 만들고 싶어하여 자기 것을 구분하고 소유의 관념도 분명해진다.

이미 성별도 알고, 자기가 어떻게 태어났는지를 알고 싶어 그 방면에 대해 뭔가 물어 보기도 한다.

선악을 분명히 구별하지는 못하지만, 어른들이 허락하는 것이나 금하는 것으로 막연히 알고 있다. 이 무렵이 되면 나쁜 사람으로 취급당하는 것을 싫어하는데, 이것은 죄짓는 것이 무엇인가를 깨닫게 되었다는 증거다.

규칙은 지켜야 한다고 생각하여 꼬치꼬치 따지지 않고 달갑게 지키게 된다.

질서와 의문점도 싹트게 되는데, 아직 도의적 감정은 두드러지지 않는다. 또한 진실과 거짓을 구별하기 시작해서 덕을 쌓아 가는 마음씨가 움트는 것이 보이기 시작한다.

철학적·종교적으로 보면 원인(누가 하는 것인가), 목적(무엇 때문에), 방법(어떻게)에 흥미를 갖게 된다. 개념은 아직 물리적·유물적이기는 하지만 기본적 개념은 벌써 파악하고 있다.

사람의 죽음을 보아도 그다지 슬퍼하지 않고, 한번 떠나면 다시 돌아오지 못한다는 사실을 접하고도 그리 마음을 움직이지 않는다.

하나님을 믿고 기도를 하지만, 그 하나님도 사람처럼 집에 살며 인간과 같이 행동한다고 생각한다. 하나님은 〈창세기〉에서 말하는 낙원의 하나님이며 그 영적 성격은 잘 모르나 자연을 벗어나 있는 것쯤은 대략 짐작하고 있다.

5세의 아이가 이렇게 지적·사회적·도덕적으로 발전하는 것도 그 생명력이 왕성하기 때문이다. 사고력도 놀라울 정도로 발달하고 있다. 지혜의 발달도 여기서 멈추는 것은 아니다. 잠깐 5세 때의 지혜와 젖먹이 때의 지혜를 비교해 보면 좋다. 여기까지의 진보도 대단한 것이다.

5세 때부터 12~13세까지는 두 살 때까지 터득한 지식을 그릇된 해석이나 애매한 것은 없애 버리고 더욱더 발전시켜 명확하게 할 뿐이다.

6세가 되면 인간이나 동물, 그리고 식물이나 무생물마저도 살아 있는 것처럼 인정한다. 6세가 지나면 개념도 분명해져서 움직이는 물건(배, 비행기, 구름 등)을 살아 있는 것처럼 생각하게 된다.

9~10세가 되면 분명히 생물과 무생물을 구분하게 된다. 이 나이 무렵이 되면 바람과 구름에 대하여 의도나 목적을 부여하지 않고 있는 그대로 보게 된다.

7세 무렵까지는 무엇이나 자기 중심적으로 생각하여 절대적으로 변치 않는 물체의 현상이라고 믿는다. 전우주도 자신과 관련시켜 헤아리고, 자신의 오른쪽에 있는지 왼쪽에 있는지만을 문제로 삼는다. 즉 좌우는 상대적인 것이며, 상대편에서 볼 때는 거꾸로 된다는 것을 알지 못한다. 간혹 어른들도 여행자로부터 길의 방향을 질문받게 되면 오른쪽인지 왼쪽인지 분명하게 대답 못하는 사람도 있다.

7세가 지나면 자기 중심의 입장을 떠나서 다른 사람의 위치에서 생각할 수 있게 된다.

같은 이유로 시간 관념도 확실하지 않다. 오늘도 어제도 내일도 똑같이 4월 1일이 되기도 한다. 같은 하루인데 어째서 어제가 되고 오늘이 되는지 알지 못한다. 절대적인 고정 관념(固定觀念)에서 상대적인 유동 관념(流動觀念)으로 바뀌어야 하는데, 이 뜻을 깨닫게 되려면 두뇌나 신경이 더욱 더 발달되어야 한다.

빨리 걸으면 시간이 절약된다는 것을 잘 이해하지 못한다. 6세까지의 아이는 빨리 달리면 그만큼 초수(秒數)가 늘어난다고 생각하며, 시간도 자기가 쏟은 노고의 정도로 계산하게 된다.

여기에 주관적인 시간 직감이 숨겨져 있는데, 이 직감이 일평생 계속된다는 사실은 주목할 만한 점이다. 두 곳에서 강연회가 있는데 한 곳은 지루했고, 다른 한 곳은 퍽 재미있는 얘기를 잇달아 들었다고 하자. 두 곳 모두가 똑같이 한 시간씩 걸렸다. 그런데도 지루했던 곳은 언제 끝날지도 모를 정도로 시간이 길었을 것이며, 재미있었던 곳은 10분 정도로 느껴졌을 것이다.

아이도 이와 똑같이 주관적인 치수로 객관적인 시간을 재는 것이다.

물을 가득히 담은 항아리와 빈 항아리가 대롱으로 이어져 있다고 하자. 물이 가득 찬 항아리의 물을 반으로 줄이고, 빈 항아리에 물이 반쯤 차는 시간의 차이는 어떤가. 시간상의 차이는 거의 없다. 그러나 물이 내려가는 것과 올라가는 것의 차이가 있으므로 앞의 것이 빠르다고 아이들은 생각한다.

이런 문제는 8세 정도 되지 않으면 풀지 못한다. 즉 추상적인 생각이 싹터야 비로소 해결되므로 그때까지 아이는 눈에 보이는 대로 판단하게 된다. 8세가 되면 여러 가지 물체나 관념 사이에 관계를 붙여 대조해 보는데, 이것은 감각에만 의지할 수 없는 일이다.

9세가 되면 상상, 몽상, 공상, 맹신(盲信) 등은 상당히 힘이 약해진다. 사실 이것은 6세 때부터 줄어드는 것인데, 아이의 정신이 이미 동화 세계에서 떠나고 있는 것이다. 대신 현실적인 것에 마음이 끌리고 모험심도 실제적인 것으로 쏠리게 된다. 수집에 몰두해 우표, 과자 상자의 장식품 따위는 무엇이든지 모으려 한다.

학교에 들어가면 갑자기 사회성이 강해진다. 학교에는 성격과 계층이 각양 각색인 아이들이 모이기 때문에 마치 세상 모습이 담긴 그림을 줄여 놓은 것과 같다. 상급생을 모방하여 함께 어울리는 것을 배운다.

9세 무렵부터 경쟁심, 단결심이 강해져 한 사람의 리더 밑에서 그룹을 만든다. 그리고 집단으로 싸움을 하거나 경쟁을 하기도 한다. 또 그곳에는 어른으로부터 강요당하지 않고 스스로 알아차릴 수 있는 규칙이 있는 것을 알게 된다. 이 규칙을 자신도 지키며 친구에게도 지키도록 권고한다. 이래서 사회 생활의 초보 지식을 습득하게 되는 것이다.

10세까지는 자제심을 길러 주기 위해 사회적 필요성을 아무리 설명해도 잘 이해하지 못한다. 어른이 남한테 욕을 먹게 된다든지, 평판이 나빠진다고 타일러도 소용없다.

10세 정도의 어린이는 아직 사회에 대해 구체적인 뜻을 갖고 있지 않다. 장래의 책임 따위에는 관심이 없다. 학업 성적이 좋지 않은 자녀에게 아버지가 너의 장래가 걱정된다고 나무라도 쇠귀에 경 읽는 것과 같다. 책임감을 가지라고 타일러도 7~8세가 되는 아이에게는 무엇이 무엇인지 알 길이 없다.

책임이라든지 감각이란 의미는 짐작하지 못한다. 잔소리하기를 좋아하는 어른은 이런 추상적인 낱말이 아이들에게는 마이동풍이라는 사실을 잘 이해해야 한다.

10세쯤 되는 남자 아이나 여자 아이를 감동시키는 동기는 여러 가지가 있다. 튼튼하게 자라서 장차 큰 일꾼이 되어야 한다. 그리고 지혜롭고 착한 아이가 되어야 한다고 설득력 있게 이야기하면 효과가 크다.

12~14세 정도의 남자 아이는 모험을 좋아하게 된다. 생활이 유희화되어 즐겁기만 하다. 이 나이 때야말로 소년단의 스타다. 자연과 세계를 탐험하려 하며 소년단의 규율에 홀딱 반해 버린다. 이것이야말로 군인 정신과 공상적인 모험심을 교묘하게 뒤섞어 짜놓은 것이다.

소년이 되면 더욱더 규율과 모험에 몰두한다. 6세까지는 남녀의 차이가 그다지 크지 않으나 여자 아이가 약간 깜찍한 편이다. 그런데 6세가 지나면 남녀의 발달 분야가 차차 다르게 된다. 뒤에 언급하겠지만, 6세 이상의 여자 아이에게는 남자 아이한테 볼 수 없는 애정의 위험한 고비가 닥친다. 요컨대 여자로 태어나서 손해를 본 것처럼 느낀다는 것이다.

여자의 생리를 스스로 깨닫기 때문에 이런 기분이 드는 것도 자연스러운 일이지만, 이 느낌은 가정이나 학교 환경에서 더욱 강해진다. 부모의 태도, 예부터 내려오는 습관, 놀이를 할 때 한패에 끼여주지 않는 남자 아이의 태도 등이 여자 아이에게 열등감을 심어 준다.

남자 아이도 다른 이유로 심한 열등감을 갖는 일이 있다. 그렇게 되면 자신을 불쌍히 여기고, 이어서 격렬하게 독립을 요구한다. 여자 아이는 이런 태도는 취하지 않는다. 여러 모로 머리를 써서 남한테 호감을 사기 위해 노력한다. 또한 질투, 조소, 말괄량이 따위의 비난을 들어도 노여움을 상냥하게 미소진 얼굴에 숨기고 배후에서 보복하려 한다.

여자 아이는 남자 아이처럼 집단 활동에 어울리지 않는다. 남자 아이처럼 무리를 이루어 약탈하거나 전쟁놀이는 하지않는다. 생리상 이 같은 난폭한 짓은 하지 못한다.

여자 아이가 온순한 것에는 또 하나의 이유가 있다. 그것은 한무리의 리더 기질을 갖춘 여자 아이가 드물기 때문이다. 오히려 두세 명이 모여 소곤소곤 비밀 얘기를 하는 것을 좋아한다.

여자 아이는 감수성이 강하기 때문에 남자 아이보다 더 한층 남의 눈에 들려고 한다. 천성적으로 아름답게 보이려고 애쓰며, 여성 본능에서 손아래 아이를 돌보려 한다(아직까지 아이를 보살피는 것은 여자의 독무대라 할 수 있기 때문에 이것으로 열등감이 어느 정도 해소된다).

가끔 아이 돌보는 일을 맡아서 훌륭하게 보살핀다. 선생님의 입장이 되어 아이를 가르치기도 하고, 타이르기도 한다. 손아래 아이가 없으면 인형을 상대로 선생님 노릇을 하고, 달래거나 타이르기도 한다.

여자 아이는 교과 과정에서 남자 아이보다 앞선다. 그러므로 여학생의 학교 교육도 한번쯤은 궁리해야 할 것이다. 가령 받아쓰기를 시켜도 여자 아이가 더 잘한다. 또 사람을 기쁘게하는 감정이나 부드러운 사교성도 더 발달되었다.

마찬가지로 학교에서도 남자 아이보다 말을 잘 듣는다. 그러나 겉으로는 규칙을 잘 지키는 것처럼 보이나 선생님이 보이지 않는 곳에서는 꼭 그렇지만은 않다. 남자 아이는 무서운 선생님은 순순히 잘 따르나 반항하는 일도 많으며, 그 반항하는 태도 또한 숨김이 없이 떳떳하다.

여자 아이는 현실을 잘 살펴본다. 특히 세밀한 곳에 신경을 쓴다. 같은 사건을 보고 이야기하더라도 남자 아이와 여자 아이와는 상황이 다르다. 남자 아이는 논리적 역학적인 원인을 알고자 하며, 여자 아이는 감정에 우선하는 것을 기억하려 한다.

이리하여 소년 소녀기로 접어든다. 젖먹이 시절에서 본다면 머나먼 나그넷길을 걸어온 셈이다.

인류는 완전히 힘이 없는 시기에서 출발하여 이때쯤엔 능력을 나타낼 모든 도구를 몸에 지니게 되었다. 이것은 모든 물질은 살아 있는 것, 곧 생명, 혼, 또는 정신을 가지고 있다는 주장을 내세우는 물활론(物活論)을 버리기 위해 몇천 년, 몇만 년 동안 고생스러운 투쟁을 쌓아올린 결과이기도 하다.

이로 인해 인류는 대우주에 있어서 인간의 위치를 알고, 자연의 힘을 찾아내어 이용하고, 격정의 흐름에 굳건한 마음을 잃지 않고, 마침내 이성과 의지에게 승리를 안겨준 것이다. 즉 조물주는 어린 아이를 모델로 하여 전인류를 창조한 것이다.

인류는 어린 아이처럼 서서히 자기 의식이 싹터 둘레의 세계를 알고, 세계와 자신을 정복해 자신의 감정과 욕망을 스스로 억누르게 되었다.

인류는 항상 변화가 심한 소년기의 위험한 고비와 흡사하다. 어릴 때의 교육에 따라 인간의 격이 달라진다. 올바른 교육을 받고 훌륭하게 성장한 사람이 많아지면 그만큼 좋은 사회가 되고, 그릇된 인간이 양산되면 사회는 급속도로 혼란에 빠지게 된다. 인류의 과거와 현재와 미래는 모든 것이 인간 교육의 결과이다.

2

....

엄마에게 알리고 싶은 아동 성교육

인생 안내의 의무

두 가지 사실은 분명하다. 그 하나는 빠르든 늦든 어린이는 —요즘은 조금 일찍이— 생명의 신비에 관하여 자문 자답한다는 것이며, 다른 하나는 아이들은 언젠가는 이런 문제에 어떤 해답을 찾는다는 사실이다.

그래서 남는 문제는 이 해답을 부모 또는 선생님, 현명하고 지혜로운 분들로부터 성실하고 산뜻하게 가르침을 받든지 아니면 학교 친구, 놀이 친구, 책과 잡지와 영상 매체, 동물의 실례에서 위험하게 흥미 위주로 배우게 되든가 하는 일이다.

아이들은 이 두 가지 길 중에서 어느 한쪽을 선택하게 된다. 부모, 특히 어머니는 자녀가 적당히 배우게 되는 것을 염려한다면 —그렇게 되면 아이들 마음의 순진성이 크게 상처를 입게 되므로— 이 인도를 자기 손으로 해야 한다.

아이들이 이 가르침을 오로지 생리적이며 노골적인 방법

으로 받아들인다는 사실을 학교 선생님들은 잘 알고 있을 것이다. 이 가르침을 친구들간의 농담, 무책임한 책이나 영상 매체, 동물의 교미를 목격하는 데서 이루어 진다면, 거기엔 예상할 수 없는 잘못이나 야비한 것이 숨어들 위험성이 크다.

친구들로부터 장난기로 배우게 되면 부부 관계를 엉뚱한 방향으로 잘못 이해할 우려도 있다.

갓난 아이는 유방 혹은 배꼽, 아니면 항문에서 태어난다고 배우게 된다. 어떤 소녀는 키스를 당하고 나서 임신한 줄 알고 두려워하는 경우도 있다. 아이가 태어나는 것에 대해 친구로부터 입에 담을 수도 없는 지독한 얘기를 들었다고 호소하는 소녀도 있다. 또 공중 화장실 등에서 남녀 성기나 섹스 행위를 그린 낙서를 보는 경우도 있을 것이다.

6, 7세 되는 아이들끼리 어떻게 엄마가 되는가를 말할 때는 언제나 육체 부분에 대한 얘기만 한다. 모성애에 따르는 풍요한 감정, 온화한 애정, 헌신적인 봉사 등은 한마디도 언급하지 않는다.

이리하여 아이들이 얻는 이 방면의 최초의 지식은 성생활의 숭고함은 모두 허물어지고, 노골적이며 야비한 것으로 흐르기 쉽다. 부모가 처음부터 지도하지 않고 주변에서 배우게 되면 이러한 불미스러운 결과에 빠지고 만다.

10세 전후의 아이들끼리 수태(受胎)에 있어서의 아버지의 역할을 서로 말하는 경우도 이와 마찬가지다. 인간의 가장 풍부하고 성실한 감정은 모성애와 부성애다. 아버지가 되면 마음가짐이 변하게 되고, 애정과 희생심이 우러나오게 된다. 이런 감정에 대해서는 친구들끼리 말하거나 배우는 바가 거의 없다.

부부 관계를 다만 육체적인 면만, 그것도 야비한 말로써 다른 사람을 통해서 알게 될 때 아이들은 심리적으로 격렬한 충격을 받고 심하게 낙담한 나머지 부모를 존경하지 않게 된다.

부모는 입을 꾹 다물고 있고, 남한테 은밀히 알았다. 이런 이유 때문에 어쩐지 나쁜 일, 추한 것으로 생각하게 되는 것이다. 부모가 쉬쉬하거나 가만히 있으면 결국 이와 같은 곤경에 빠지게 된다.

더욱 확실히 알고 싶은 호기심 때문에 은밀히 책을 엿보고 얻는 지식도 위험하기는 마찬가지이다. 인간미가 없다. 다만 생리적인 부분만 강조한 나머지 육체 관계를 인간답고 고상하게 하는 감정적·사회적·도덕적·종교적인 뜻이 전혀 무시되어 있는 경우가 많다.

이런 편협한 지식이 어떠한 결과를 초래하는가는 짐작하고도 남음이 있다. 이 같은 지식은 아무리 좋게 보아도 사랑과 생명의 근원인 부부 관계에 경의를 가지고 바라보는 습관을 아이에게 가르치지 못한 잘못을—그것도 엄청난 잘못을—범하고 있는 것이다.

이 문제에 대해서는 더 이상 역설할 필요는 없을 것 같다. 그런데 누가 설명하며, 언제 시작하며, 어떻게 지도해야 하느냐에 대해서는 이론이 분분할 것이다.

그러나 부모가 방심하고 있는 동안 아이가 어떤 해를 입는가를 잘 알고 있는 분별 있는 부모들은 아이에 대한 지도가 부모들의 당연한 의무라는 것을 이미 알고 있을 것이다.

아이들의 심리에 엄청나게 커다란 반응을 불러일으킬 수

있는 문제 해결을 주변의 소곤대는 소리에 내맡김으로써 아이에게 좋지 못한 영향을 미치는 것에 대해 현명한 부모는 무관심할 수 없다.

이런 인도를 자신이 직접하지 않고 누군가에게 대신해 주도록 부탁하는 부모는 아이들에 대한 의무를 게을리하고 있는 것이다. 성에 대한 양친의 인도가 없는 한 완전한 교육은 바랄 수 없다.

그런데 이와 같은 성교육의 유익한 효과를 과대시해서는 안 된다고 하는 사람도 있다. 진지한 일반 교육과 의지의 단련이 따르지 않는다면 거의 아무런 도움이 되지 않으며, 또 성교육을 등한시한 효과적인 교육 방법이 오히려 인격 도야를 무시한 성교육보다는 유익하다는 것이다.

이 견해는 옳다고 생각한다. 이 가르침만이 모든 폐단을 고치고 곤란을 예방하는 만능약이 아니라는 것은 말할 나위도 없다. 이것은 교육의 일부분에 불과하며 훌륭한 일반 교육의 테두리 내에서 이루어져야만 충분한 효과를 거둘 수 있는 것이다.

그러나 훌륭히 교육시키고 잘 인도하는 편이 인도하지 않고 좋은 교육만 시키는 것보다는 확실히 좋을 것이다. 왜냐하면 앞에서 말한 것처럼 진실로 참다운 교육사가 되고자 하는 부모는 아이들의 인도를 자신이 맡아야 한다고 결심하지 않으면 안 될 것이기 때문이다.

누가 인도하는가

이 문제의 해답은 간단 명료하다. 즉 아이들을 교육시킬 사명을 띠고 있으며, 그것을 훌륭하게 수행할 능력을 가진 자라야 된다. 따라서 이 임무는 부모의 어깨에 걸려 있다. 부모만이 아이들의 제일 중요한 자연적인 교사다.

다른 사람은 보수를 받고 부모를 대신해서 교육에 임할 뿐이다. 그렇기 때문에 이 문제를 지도할 능력만 있다면 자기 자신이 스스로 아이들을 가르치는 것이 부모의 가장 소중한 의무이다.

그것은 또한 부모들의 이익이기도 하다. 아이들이 부모에게 모든 믿음을 보이고 마음속을 전부 털어놓는 것은 가족 관계에 절대적으로 필요한 것이다.

그러나 이런 경우는 그리 흔치 않다. 부모 자식간의 대화 단절로 어려움을 겪는 가정이 많은데, 대체로 부모 쪽의 책임이 크다. 특히 이 문제에 있어서 부모의 태도는 중요한 역할을 한다. 만일 부모가 냉담하고 엄격하기만 하면 아이들은 마음을 털어놓지 못한다. 반면에 아이들의 심리를 이해하고 따뜻하게 대하면 소년기의 아이들도 안심하고 자신의 괴로움을 털어놓게 된다.

자녀들이 5세 무렵에 던지는 첫 질문에 어머니는 서슴없이 대답해야 한다. 아이의 첫 질문에 어머니가 어떻게 대답하는가는 너무나도 중요하다. 그 아이가 장래 이 문제에 관련된 의문을 스스로 털어놓을지 아닐지, 더 확대한다면 평소 생활 전반에 걸쳐 모자간 사이에 친밀도가 어떠할 것인가는 이 대답 한마디로 거의 결정된다.

질문을 교묘하게 피하거나 우물쭈물 넘기면, 또는 화를 내게 되면 부모에 대한 아이의 믿음은 한꺼번에 동요되어 허물어지고 만다.

무뚝뚝하게 아이를 혼내면서 "그런 것은 묻는 것이 아니다."라든지 "그런 것은 몰라도 된다."라고 짜증을 내는 어머니는 일거에 아이한테 신뢰를 저버리게 되는데, 그것은 어디까지나 어머니의 잘못이다.

더욱 중요한 문제는 그 한마디가 신뢰를 저버릴 정도에서 끝나지 않는다는 것이다. 성문제를 입에 담는 것조차 불결하고 부끄러우며, 천하다는 생각을 아이에게 심어 주게 되는 것이다.

독자 여러분은 내가 과장한다고 생각해서는 안 된다. 아동 심리학 연구에 의하면, 어떤 문제든 아이가 받는 첫인상이 가장 중요하다는 것이 입증되었다.

이와 반대로 부모, 특히 어머니가 아이에게 솔직하고 친절하게 대답해 주면 아이는 부모를 믿고 자기의 속마음을

털어놓게 된다. 이에 덧붙여 그 기회에 어머니가 모성애 또
는 부성애의 열의와 헌신적 봉사를 아이에게 알아 듣도록
얘기해 주면 효과적이다. 사춘기의 자녀에게는 부부의 육체
관계로 서로의 애정이 좀더 돈독해 진다는 사실을 이해할
수 있도록 충분히 설명해 주는 것도 나쁘지 않다. 그러므로
성생활과 결혼 문제를 올바르게 이해할 수 있게 된다.

부모가 입을 다물고 가만히 있는 것과 친절하게 대답해
주는 두 가지 방법을 잘 비교해 보기 바란다. 부모가 이야기
를 해주지 않을 경우, 거리에서 은밀히 알게 되는 데서 생기
는 해독과 잡지나 영상 매체를 통해 얻는 어정쩡한 지식 때
문에 아이의 정서 생활에 이롭지 못한 결과가 나타나게
된다. 이에 반하여 양친이 친절하게 일러줄 경우, 부모를 향
한 애정이나 지성의 발달 면에서 많은 이득이 될 것이다.

의식 있는 부모라면 이 지도 방법을 곧바로 터득할 것
이다. 자녀들의 질문에 소홀히함으로써 그들의 믿음과 애정
이 상실된다는 것을 알게 되면 어떠한 부모라도 그 의무를
훌륭하게 수행하려고 노력할 것이다. 이 방면에서 성실한
태도를 취하는 것만이 — 조금의 과장도 없이 — 아이의 믿음
과 애정을 유지하며, 고결한 연애관을 평생토록 그 아이에
게 갖도록 하는 더없는 귀중한 수단이기도 하다.

누가 처음에 입을 열어야 하는가? 아버지인가 어머니인
가? 이 방면의 교육에 부모는 각각 적절한 역할을 갖고
있다. 때문에 원칙적으로 부모는 둘 다 이야기를 해주어야
할 책임이 있다.

그러나 실제로는 이 교육을 더 잘할 수 있는 능력을 갖춘
사람이 말하게 된다. 일반적으로 어린 아이에겐 어머니의

역할을, 조금 큰 아이에게는 아버지의 역할을 말하는 것이 무난하고, 또 가까운 장래에 갓난 아이가 태어날 경우에는 어머니가 설명하는 것이 좋을 것이다.

소년에게 아버지의 역할과 사춘기의 신체 변화, 성욕을 억제함으로써 여성을 존중할 것을 가르칠 경우에는 아버지가 설명하는 것이 바람직하다.

그러나 아버지가 없거나 어머니의 말솜씨가 능숙한 경우에는 어머니가 사춘기의 아들에게 얘기하는 것도 좋을 것이다.

아들에게 수태할 때의 남성의 역할을 훌륭하게 설명해 주고, 성욕의 위험성에 대하여 그 자식을 충분히 경계시킨 많은 어머니를 나는 알고 있다. 또 열두 살 먹은 딸로부터 남녀의 육체 관계에 대한 질문을 받고 훌륭하게 대답해 준 아버지도 나는 잘 알고 있다.

딸은 아버지의 대답에 대단히 만족하고 그 후 부모나 형제 자매에 대한 태도도 많이 개선되었다. 자제심을 키운다든지 여성을 소중히 여기는 충고가 남자 입에서 나오게 된다면 ― 여성들이 자기 자랑을 늘어놓는데서 생기는 자만심이 없기 때문에 ― 무게가 있는 법이다. 그러나 원칙적으로 질문을 받게 되면 지혜롭게 대답하는 것이 순서이다.

그런데 여러 가지 이유로 부모가 교육할 수 없는 경우도 있다. 적절한 대답이 떠오르지 않는다든지, 너무나 음란한 문제이기 때문에 입에 담을 수 없다든지, 자기 소행이 과히 좋지 않기 때문에 아이를 지도할 형편이 안 되어서 체념했다든지, 자신도 그런 교육을 받지 않았기 때문에 적절히 대답하는 법을 모르는 경우가 그런 것이다.

이때는 학교 선생님이라든지 믿을 수 있는 성직자에게 부탁하는 방법밖에 없다. 이와 같은 해결은 물론 최선의 방법은 아니다. 믿음과 친밀의 분위기는 우선 부모 자식 사이에 이루어져야 한다. 타인과 아이들의 사이는 그 다음의 일이다. 어디까지나 부모가 지도하는 것이 이상적이다.

선생님이나 성직자의 역할은 부모 스스로가 그 의무를 훌륭하게 수행하도록 지혜를 주며(강연 내지 개인 면담으로), 도와주는데 있다. 이때는 흔히 충고나 책을 빌려 주는 경우가 많은데, 여기에 적잖은 문제가 도사리고 있다.

그래서 나는 부모를 제쳐놓고 자녀들이 손쉽게 손에 넣을 수 있는 무료 교재 따위에는 반대한다. 부모가 책에 기술된 것처럼 능숙한 말재간이 없다면 슬쩍 책을 아이들에게 읽도록 해놓고 뒷날 그것을 화제로 삼아 서로 토론하는 것이라면 찬성이지만, 부모를 아예 따돌린 채 행동하는 것은 반대하지 않을 수 없다.

이 점에 대해서 부모는 의무를 모면할 권리를 갖고 있지 않다. 또 부모 외의 교육자는 부모의 모든 권리를 대행할 권한은 갖고 있지 않다. 그 이유는 앞에서 말한 것처럼 부모 자식 사이에 신뢰와 친밀을 최대한으로 확보하기 위한 것이다.

교육자의 정상적인 정책 방침은 이 같은 것이 아니면 안된다. 아이의 질문에 부모가 아무래도 대답할 수 없는 특수한 경우에 한하여 다른 방법이 허용된다. 불행히도 이 방면에 있어서 아이의 질문에 대해 부모가 고집을 부리고 대답하는 것을 꺼려 한다든지, 더욱 곤란한 일은 전혀 관심이 없기 때문에 내 생각에 반대하는 사람도 있을 것이다.

나는 다음 말로 이 문제에 대해 대답하고자 한다.

참다운 교육자는 부모의 대역을 하지 않는다. 다만 아이들의 지도에 주력을 쏟아서 부모가 인도할 수 있도록 설득하는데 온갖 힘을 기울인다.

아동 또는 청소년기의 자녀를 인도하는 것은 대개 어머니들이 맡고 있다. 여성 특유의 섬세한 감정과 강한 직감력을 지니고 있음으로 해서 보통 어머니가 가장 적임자이다. 언제, 어떻게 얘기하면 효과가 있다는 것을 터득하고 있으며, 설명을 들은 후 아이가 어떠한 인상을 받고 어떠한 반응을 보이는가 하는 것도 바로 파악할 수 있다.

이 책에서는 이론상 아버지와 어머니 중 어느 편이 가장 적임자라는 점에 대하여 말했다. 앞에서 말한 바와 같이 경우에 따라서 아버지와 어머니가 역할을 분담하는 것이 바람직하다. 중요한 것은 아이들의 질문을 받으면 진지하게 생각하여 성의 있게 답변을 해야 한다는 것이다.

언제 말을 시작하는가

　첫째 원리는 다음과 같다. 아이들이 질문을 하면 언제든지 성의 있게 대답해 주어야 한다. 질문을 하는 아이는 진지하다. 부모는 자녀의 그 마음을 헤아리고 똑같이 진지하게 대답해 주어야 한다. 한꺼번에 모든 것을 말해 주는 것은 필요치 않으며, 또 바람직하지도 못하다.

　항상 진실을 말해야 한다. 질문하는 아이의 마음을 충분히 진정시켜주고, 의문점 하나하나에 대하여 만족스런 해답을 주는 것이 가장 필요하다.

　이 원칙에 있어서 한 가지 예외가 있다. 아이가 아직 비밀을 지키지 못할 때, 아무리 소상하게 일러 주어도 형제 자매나 친구들에게 이 새로운 지식을 자랑해서 곤란한 때도 있다. 이런 경우에는 아이가 반드시 비밀을 지킬 수 있게 될 때까지 대답을 보류하는 것이 좋다.

　비밀을 지킬 것인지의 여부는 가족의 생일 축하 및 그와 비슷한 집안 모임을 통하여 알 수 있다. 아이가 제멋대로 지껄이지만 않는다면, 질문에 대해서 언제나 사실대로 대답해 주는 것이 옳다. 물론 자녀의 연령이나 판단력에 비추어서 응답하지 않으면 안 된다.

둘째 원리는 다음과 같다. 만일 아이가 조금도 질문을 하지 않을 때는 엉터리 지식으로 인하여 정신 건강에 흠이 생기기 전에 오히려 부모 쪽에서 질문을 꺼내는 것이 좋을 것이다.

그렇다면 그 시기는 어느 때가 가장 적당한가? 이것이 문제인데, 사실 좋은 기회를 잡는다는 것은 꽤 어려운 것이다. 그러나 적절한 시기는 아이의 생리나 판단력의 발달과 상황 등에 의하여 정해지기 때문에 대체로 예상할 수 있을 것이다.

예컨대 자녀에게 사춘기적 현상이 일어나기 전에 그 뜻을 미리 일러줄 필요가 있다.

여자 아이의 경우에는 늦어도 중등 교육을 마치기 전에 처녀 또래에 흔히 있을 수 있는 정신적·육체적 위험을 사전에 일러줄 필요가 있다. 중등 교육을 마친 처녀에게 남성의 역할, 연애 결혼, 모성에 관한 이상을 아무것도 일러 주지 않고 직장에 보내는 것은 상식에 어긋나는 일이다.

그렇게 되면 십중팔구 그 처녀는 직장에 나간 후 얼마 지나지 않아서 부부 관계 및 남녀 관계에 대하여 난잡한 생각을 갖게 될 것이다.

남녀를 불문하고 부모의 슬하를 벗어나 비교적 오랫동안 집을 비우는 나이가 되면 이와 똑같은 환경이 이루어진다고 말할 수 있다.

　이때가 되면 부모로부터 인생의 현실에 관하여 철저하게 배우지 않으면 안 된다. 성에 대한 지식과 성생활의 의미, 이성의 생리와 심리, 참다운 연애와 불장난과 같은 연애에 관하여 가르침을 받아야 한다.

　지금 말한 연령은 아무리 늦어도 그때까지는 지도를 받아야 한다는 것을 말한다.

　세상의 모든 일에는 때가 있다. 적당한 때에 어떤 일을 하지 않으면 만사 휴의가 되는 경우가 많다. 성교육도 마찬가지이다. 친구들이나 다른 경로를 통해 그릇된 지식을 배운 후라면 이미 늦다. 때문에 서둘러 미리 손을 써야 한다.

　아이의 나이 6세 무렵이 되면 벌써 어머니의 배가 불러오는 것을 관심있게 바라보게 된다는 사실을 알아차려야 한다. 바로 이런 때가 좋은 기회이다. 아이에게 생명의 신비와 부모의 사랑, 그리고 어머니가 하는 소임의 진실과 위대함을 아이에게 알아듣도록 하는 편이 훨씬 현명하다. 그러면 아이는 더한층 어머니를 사랑하고 소중하게 생각하는 마음가짐이 우러난다.

　지도를 받을 나이는 경우에 따라서 다소 틀려진다. 그러나 유치원이나 초등학교 주변에도 이런 얘기가 여러 형태로 나돌고 있기 때문에 아이가 6세쯤 되면 어머니의 역할을 대략 설명해 주는 것이 좋을 것이다. 가만히 두면 엉뚱한 위험이 따를 수 있지만, 인도해 줌으로써 해가 되는 일은 없다.

　물론 이런 지도는 대강이라는 정도에서 끝나야 한다. 세밀한 해부학적 설명까지 언급할 필요는 없으며, 자세한 설명은 기회를 봐서 서서히 하는 것이 보다 바람직하다.

　여아의 경우는 "네가 열두 살쯤 되면 이런 변화가 일어난다."는 것을 분명히 일러 주는 것이 좋다. 이 나이가 되면 벌써 친구들한테 생리적인 변화에 대해 자주 얘기를 듣게 된다. 그러므로 미리 어머니로부터 인도를 받는 것이 좋을 것이다.

같은 또래끼리 어울려 나누게 되는 이야기는 자칫 그릇된 지식을 심어줄 우려가 많고, 또 무엇인가 부끄럽고 더러운 것이라는 혐오의 느낌을 갖게 되는 수가 있다. 이래서 어머니는 월경의 성질과 섭리적 뜻을 아이에게 분명히 설명할 필요가 있는 것이다.

어쨌든 이 변화의 구체적 성질을 모르고서 부딪치는 일이 없도록 주의시키지 않으면 안 된다. 소녀가 꿈에도 생각지 못하는 사이에 갑자기 초경(初經)을 당할 경우 커다란 충격을 받게 되며, 지금 당장뿐만 아니라 장래까지도 심리적 상태에 크게 영향을 미치게 된다. 또 초경은 사소한 감정이나 흥분에 자극되어 생각지 않을 때(가령 상품을 탈 때 긴장한 나머지) 일어날 수도 있다. 이러한 돌발 사고에 대한 것도 이야기해 주는 것이 좋다.

여자 아이에게는 늦어도 13세 때까지는 설명해 주어야 하고, 남자 아이에게는 사춘기 전에 신체의 변조(몽정 또는 유정)와 도덕적 암초(수음) 등을 일러 주는 것이 바람직하다.

말을 배운 아이는 호기심의 덩어리이다. 세상의 모든 일이 궁금하기 때문에 끝없이 질문한다. 그 질문이라는 것이 유치하기도 하고 황당하기도 하여 일일이 대답해 주는 것은 귀찮은 일이다.

그러나 귀찮다고 해서 아이의 질문을 묵살하거나 성의 없게 답하면 부모 자식간의 대화는 단절된다. 그러므로 부모는 어린 아이의 질문에는 어떠한 경우라도 친절하게 대답해 주는 습관을 길러야 한다.

부모가 아이의 질문에 친절하게 대답해 주면, 아이는 모든 의문점을 스스럼없이 묻게 된다. 대체로 아이는 5세 무렵부터 갓난 아이가 태어나는 것에 대하여 의문을 품고, 그것에 대하여 질문하게 된다.

그런 질문을 하지 않는 아이는 아마도 겁이 많은 아이거나, 놀이에 몰두하고 있는 아이거나, 아니면 집안이나 이웃에 아무 일도 일어나지 않아서 그런 질문을 할 수 있을 만큼 아직 눈뜨지 못한 아이의 경우에만 한한다.

어쨌든 부모는 갑자기 어떠한 질문을 받더라도 웃는다든지 놀라서는 안 된다. 거짓말을 하거나 적당히 얼버무려서도 안 된다. 언젠가는—어른들이 상상하는 것보다 더 빨리—아이는 거짓말과 진실을 알게 된다.

부모의 말이 거짓이었음을 깨닫는 순간 부모에 대한 아이의 믿음은 깨어진다. 또 대답을 회피하면 아이는 엉뚱한 생각을 하기 쉽다.

"엄마도 말을 안하는 것을 보면 아마도 무엇인가 잘못된 것이 틀림없다."

부모가 침묵을 지키게 되면 성생활을 야비하고 경멸스러운 것으로 생각하는 견해를 아이들 마음에 심어 주어 나쁜 친구로부터 음란한 설명을 그럴싸하게 받아들이는 결과가 된다. 이것은 엄청나게 위험한 일이다.

사람들이 보는 앞에서 질문했다가 여러 사람한테 웃음거리가 되어 부끄럽게 생각할 때가 있다. 이런 경우 부모는 아이를 두둔해 주어야 한다. 좋은 기회를 포착해서 "언젠가 너는 이러이러한 질문을 하였지?" 하는 식으로 말을 걸어 친절하게 대답해 주어야 한다.

어머니가 돌연 아이의 질문 공세를 받고 대답해 줄 준비가 안 되어 있을 때는 "지금은 바쁘니 다음에 얘기하자."라든지 다른 구실을 만들어 설명을 미루는 것이 좋다.

그러나 그날 중에 그 약속을 지켜야 한다. 그 사이에 대답해 줄 준비를 갖출 시간도 있을 것이며, 그 자리에 알맞은 응답 방법도 얻어낼 수 있을 것이다. 이 책의 설명이 마음에 들면 그 부분을 읽어 주는 것도 좋은 방법이며, 문득 생각나는 주석(註釋)을 붙이는 것도 바람직하다.

어머니가 아이의 질문에 이같이 응답해 주면 아이는 생각나는 대로 계속 질문하게 된다. 어머니는 아이의 어떠한 질문이라도 진지한 태도로 성실, 친절하게 대답해 주어야 할 의무가 있다.

항상 진실을 말해야 한다. 거짓말을 꾸미지 않는 성실한 태도는 부모 자식간의 상호 신뢰감을 두텁게 해준다. 또 언제든지 적극적이고 교육적인 의미를 갖춘 대답을 할 수 있게 된다.

만일 아이가 어머니에게 질문을 하지 않는다면 어떻게 해야 할까? 애당초 이런 문제는 전혀 머리에 떠오르지 않는 아이도 있다. 그런 아이들의 대부분은 놀이나 소년단, 운동 등에 몰두하고 있는 경우가 많다.

그러나 그처럼 호기심이 전혀 없는 아이는 비교적 적은 편이다. 그러므로 겉만 보고서 마음을 놓아서는 안 된다. 아이가 얌전하다고 해서 이런 문제는 마음에도 가지고 있지 않다고 미리 단정해서는 안 된다. 또 한편 아이가 성문제 때문에 끊임없이 골치를 앓고 있다고 생각해서도 안 된다.

몹시 근심을 하는 축은 사춘기의 소년 소녀들이다. 아동이나 유아나 직장 여성, 또 직업이나 공부에 몰두하고 있는 청년도 이 방면에 그다지 신경을 쓰지 않는다.

보통 성문제는 때때로 염두에 둘 뿐이다. 그러나 한번 생각이 미치면 몹시 괴로워하며, 문제의 해결을 찾을 때까지 번민이 계속된다.

이러한 번민이 너무 심각하게 되지 않도록 방지하기 위한 최선의 수단은, 때를 놓치지 말고 아이들에게 건전한 성교육을 시키는 것이다.

부모 자식간의 이러한 대화에 알맞은 분위기나 적절한 시기에 대하여 한마디하면서 이 문제를 끝내기로 한다.

성에 대하여 말할 때는 무엇인가 긴장된 분위기를 조성해서는 안 된다. 오히려 이런 대화는 자연스러워야 한다. 너무 부자연스러우면 아이는 어딘지 모르게 안절부절못하면서 마음의 침착성을 잃게 된다.

평소에 대화하는 것처럼 말을 꺼내는 것이 제일 좋은 방법이다. 설교 비슷하게 한다든지 잔소리를 하는 것은 금물이다.

아이는 언제든지 부모와 진지하게 대화할 마음가짐이 되어 있는 것은 아니다. 그래서 될 수 있는 한 좋은 기회를 포착하는 것이 필요하다.

유년기의 아동은 시간과 장소가 크게 문제되지 않으나 10세 이상의 소년에 대해서는 자는 시간과 침실을 골라서 말을 거는 것은 좋지 않다. 대화가 끝나면 기분 전환으로 아이가 좋아하는 즐거운 오락이 바로 계속되는 것이 좋다. 이 문

제를 언제까지나 머리에 남겨 놓는 것은 피해야 한다. 또 기
회가 알맞지 않아 얘기하는 도중에 중단되는 일이 없도록
주의해야 한다.

어떻게 인도해야 좋은가

대부분의 부모들은 아이들을 지도할 의무를 확신하고, 그 의무를 다하고자 한다. 그러나 어떻게 인도해야 좋은 것인지, 또 어떤 말로 어떻게 말을 붙여야 좋은지를 잘 모르고 있다.

부모가 곤란을 느끼는 것은 당연한 일이다. 대체로 부모 자신들이 이러한 방법에 관하여 배운 바가 없다. 때문에 참고할 만한 책자도 부족하고, 지난일을 더듬어서 생각해 낼 수도 없는 처지다. 게다가 어느 기관(器官)을 어떻게 부르면 옳은지, 어느 방법을 무어라고 말하면 좋을 것인지 갈피를 못잡는다. 대부분의 부모들은 성문제에 관하여 음란한 이야기와 유치한 표현밖에 모르고 있다.

앞의 문제에서 내가 충고한 것을 여기서 잠시 돌이켜 생각하고자 한다. 앞에서 말한 것처럼 지도는 아이들의 성격, 신체적 발달, 생활 환경에서 오는 질문의 내용에 따라서 점차적으로 다룰 필요가 있다. 한꺼번에 가장 완전한 지도를 하고자 욕심내어서는 안 된다. 어디까지나 아이들의 심리 발달에 알맞게 해야 한다.

또 대답은 정말로 성실해야 된다는 것은 앞에서 누차 강조했다. 처음에는 막연한 대답을 하여도 좋다. 그러나 실상을 왜곡시키지 않는 일반적인 견해여야 하며, 현실의 방향을 온전히 가리키는 것이어야 한다. 즉 나중에 세부를 다소 보충하면 명확하게 매듭지을 수 있는 것이라면 좋다.

거짓말을 꾸며서 대답한다는 인상을 아이들에게 주어서는 안 된다. 여기에는 신뢰에 대한 문제가 걸려 있기 때문이다.

대답은 또 완전한 것이어야 한다. 그러나 이것을 한꺼번에 밝히라는 것은 아니다. 아이가 이해하는 범위 내에서 시작하여 차츰 넓혀가는 것이 바람직하다. 모든 질문에 대답해 주어야 되며, 또 질문하는 아이의 호기심을 만족시켜 주는 내용이 포함되어야 한다.

문제가 허공에 뜬 것처럼 아이가 만족할 수 없는 대답을 해서는 안 된다. 그러므로 부모는 아이들이 전혀 모르는 의문을 언젠가는 잘 알 수 있도록 친절하게 설명해 줄 생각을 가지고 있어야 한다.

지도는 개별적인 것이 바람직하다. 카톨릭에서는 집단적 지도를 반대한다. 즉 교실이나 강연회 등에서 집단적으로 지도해서는 안 되는 것으로 되어 있다.

이 방침이 현명하다는 것은 장황하게 설명할 필요도 없다. 다양한 개성을 지닌 아이들이 뒤섞여 있는 장소에서 이같이 미묘한 소재를 취급하면서 틀에 박힌 것처럼 일률적인 지도 방법을 취하게 되면, 아이들 각자의 개성이 필요로 하는 요구 조건에 충분히 응할 수 없는 것이다.

대답은 윤리적이고 종교적이어야 한다. 성의 신성함, 생명의 숭고함 등을 설득력 있게 말해야 한다.

확실히 어느 섬세한 부분에 대해서는 쉽게 설명하기 어렵다는 사실을 나 자신도 잘 알고 있다. 많은 사람들이 욕정 때문에 성의 신성함을 오염시켰으며, 시대가 발달할수록 그 정도가 심해지고 있다.

그러나 남녀의 성별, 태아(胎兒)의 발생 과정이나 출산(出産) 등은 하나님이 하시는 일이라는 것을 결코 잊어서는 안 된다. 성경에도 "하나님의 형상대로 사람을 창조하시되 남자와 여자를 창조하시었다(창세기 1장 27절)."라고 명문화되어 있다.

교회는 인간의 허약함을 잘 알고 있기 때문에 정결문제에 관하여 여러 가지 조심할 점을 현명하게 제시해 주었고, 육체가 더럽다는 생각에도 반대해 왔다. 따라서 우리는 성문제를 밝은 눈으로 순수한 섭리적 시각에서 보지 않으면 안 되며, 아이하고 이야기할 때는 이 고상함과 솔직함을 잊어서는 안 된다.

아이에게 해주는 설명은 정확해야 되지만, 되도록 생리 문제에 대해서는 언급을 피하고 성의 감정적·인간적·사회적·종교적 방면을 자상하게 설명하는 것이 바람직하다. 이것은 진실을 왜곡시키는 것은 아니다. 오히려 생리적인 면만을 설명하게 되면 도리어 현실을 보는 시야가 좁아질 것이다.

대체적으로 사랑이라 하는 것은 생리에 확고한 근거를 두면서도 감정적이고 도덕적인 가락—애정, 위로하는 마음,

타인의 행복을 비는 마음, 희생 등—으로 반주된다. 그 사랑에 진실로 인간다운 열성이 강할수록 이 반주도 더한층 힘을 얻게 되는 것이다.

이같이 부성이나 모성도 육체관계에 뿌리를 내리고 있다. 그러나 이 사랑이 새로운 감정의 세계를 조성하여 사람의 마음에 커다란 희생심을 일으킨다는 사실을 모두가 알고 있다.

이 책에서 인생의 이 방면을 역설하는 것은 다름이 아니라 사랑, 부성, 모성, 성생활을 진실로 사람다운 시각—즉 섭리적 시각—에서 묘사하고자 하는 의도인 것이다.

일반적인 권고

이 책에서 순결 교육의 모든 것을 세세하게 논의할 의도는 없다. 여기서는 특히 소년에게 알맞은 충고를 하고자 하는데, 이것은 여러 모로 소녀에게도 권고할 수 있는 것이다.

아이의 음식은 자극성이 있는 것을 피하는 것이 좋다. 가급적 식사 시간은 일정해야 하며, 저녁 식사 후에는 곧바로 잠을 재워서는 안 된다.

아이의 잠자리는 반드시 남아와 여아를 구분해야 한다. 침실의 온도는 너무 따뜻해서도 안 되며, 이불이 너무 부드러워서도 안 된다.

잠을 깨는 즉시 일어나도록 할 것이며, 잠자리에서 꾸물대는 일이 없도록 해야 한다.

한창 자랄 때에는 낙낙하면서도 단정한 옷차림이 좋다.

음란한 기사나 사진이 실린 책과 잡지는 멀리해야 한다.

손님이 있을 때에도 아이 앞에서는 이상한 얘기를 삼가해야 한다. 아이가 놀이에 몰두하고 있다고 해서 듣지 않는다고 방심해서는 안 된다. 아이는 놀면서도 어른 얘기를 귀담아 듣는 일이 많다.

또 아이의 주변에 있는 사람들과 잘 어울리는 친구들에게 관심을 가지고 넌지시 살필 필요도 있다.

구체적으로 얘기하는 방법

여기서 설명하는 것은 세 가지 유형으로 나뉘어 있다. 첫째 유형은 남자 아이를 위한 것, 둘째 유형은 여자 아이를 위한 것, 셋째 유형은 남녀 모두에게 해당되는 것이다. 먼저 화제를 표시하고 그 방법의 실례를 열거한다.

1. 화　제

첫째 유형, 남자 아이에게 이야기하는 법

1) 아이는 어디서 어떻게 오는가?

5, 6세 되는 남자 아이가 어머니에게 물었다.

"엄마! 진짜로 얘기해 줘. 아이는 어디서 오는 거지?"

어머니는 이에 대답을 해주었으나, 심장 부근에 태아를 뱄다는 말을 했을 뿐 생리적인 문제는 아무런 설명도 하지 못했다. 아이가 더 꼬치꼬치 물어 보면 뒤에서 서술한 것처럼 설명하는 것이 좋다.

여자 아이를 위한 둘째 유형에서는 이와 틀린 지도 방법이 서술되어 있다. 이 방법은 새로운 지식에다가 종교적 의미를 보탠 장점이 있다.

어머니가 이 방법이 좋다고 생각되면 여자 아이를 위한 방법을 남자 아이를 위한 대화 방법으로 쉽게 바꾸어 볼 수도 있다.

2) 동생이 태어날 무렵

동생이 태어날 것 같다. 남녀 모두 7, 8세가 되면 반드시 눈치채게 된다. 말하지 않고 가만히 있는 경우도 있지만, 입을 열지 않는다고 해서 모르고 있는 것은 아니다.

그러나 장난꾸러기로 생각이 얕은 아이는 노는 것에 정신을 빼앗겨 모르고 지나가는 수도 있다.

임신한 것이 뚜렷해지면 미리 얘기해 두는 것이 좋다. 남자 아이에게 아버지가 넌지시 일러 주는 것이 좋은 방법이다. 그렇게 되면 아이는 일찍부터 여성을 존중하는 습관을 배우게 된다.

남자 아이가 자라서 8세 무렵이 될 때는 대략 설명해서는 만족하지 않는다. 이상하게 생각하는 점을 여러 모로 묻게 된다. 아이는 어떻게 엄마 뱃속에서 살아 있는지, 어떻게 태어나는지 질문도 가지각색이다.

10세 정도가 되면 아빠의 역할이 무엇인지 새로운 질문을 하게 된다. 사춘기에 들어가기 전에 이런 질문을 하면 오히려 사정은 순조롭다. 아직 육체도 성숙하지 않고 정신도 풍족하기 전에 해답을 줄 수 있기 때문이다.

이런 때는 이미 앞에서 서술한 설명을 응용하여 좀더 상세하게 대답해 주는 것이 좋다. 이 같은 질문을 일시에 하지 않고 하나하나 들고 나올 때는, 잡다한 부분은 생략하고 그 질문에만 응해야 한다.

나는 모든 질문에 대비하여 일반적 원칙에서 보여준 원리에 따라 어떻게 대답하는 것인가를 보여 주고자 한다.

3) 태아가 사는 방법

어떻게 아이가 엄마 뱃속에서 살 수 있는가를 아이가 질문하게 되면, 그 기회를 이용해서 아이들이 무척이나 호기심을 가지고 있는 배꼽의 역할을 설명해야 한다.

4) 아이는 어느 곳에서 어떻게 태어나는가?

이 질문에는 더 구체적인 설명을 요구하는 일이 있을 것이다. 아이가 어떻게 엄마 몸에서 떨어져 나오는가 하는 문제는 아이들이 가장 알고 싶어하는 것이며 아이도 자기 나름대로 이 해답을 찾고 있었으나 좀처럼 풀지 못한 것이다. 특히 남자 아이는 혼자 힘으로는 진실을 알아내지 못하고 끝나는 일이 허다하다.

대답하는 어른에 따라 아이가 태어나는 곳도 여기저기 일정치 않다. 이런 생각에 종지부를 찍는 성실한 대답을 해주는 것이 차라리 현명한 방법이다.

사실 이 설명은 가장 어려운 부분이다. 남자 아이들은 여러 번 여자 아이의 몸을 보았을 것이며, 여자 아이도 남자 아이의 알몸을 보았을 것이다.

어릴 때는 이런 것을 보아도 그다지 큰 지장은 없다. 오히려 아이들 몸체를 보고 미리 알고 있기 때문에 질문에 대답할 때는 어느 정도 불편을 덜 수 있다.

그러나 남자 아이들 모두가 누이동생을 가졌다고는 할 수 없으며, 여자 아이가 목욕하는 것을 보았다고 단정할 수는 없다. 여자의 몸매에 대해서 아무런 예비 지식이 없는 아이에게 무엇이라고 답변하면 좋을지, 그러한 남자 아이를 가진 어머니의 지도 요령도 서술했다.

5) 아이의 출생에 아버지는 도움이 되는가?

이 해답은 아버지의 역할을 설명하게 된다. 이 질문을 아이들이 어떠한 형식이나 말로 한다 하더라도 이 점을 언급하는 것은 변함이 없다. 말이 조약하면, 그 뜻 또한 분명치 못하므로 이 지도 요령은 더한층 어렵게 된다.

6) 언제 남자가 되는가?

일반적으로 남자 아이는 14세 무렵에서 얼마 지나지 않아서 사춘기에 접어든다. 때문에 거기에 따르는 신체의 변화 등에 선처하는 태도에 대하여 지도해야 할 나이이다. 소년이 이 신체 변화의 뜻을 모르고 쾌감에 끌려 그만 자위 행위의 습관에 빠지지 않도록 아버지가 잘 설명해야 한다.

7) 모성, 부성, 부부 관계, 출생의 대략

친구들끼리의 대화라든가 가정내의 사고(가령 유산, 난산, 수술 등)에서 아이들이 이상한 생각을 갖게 되는 수가 있다. 그리하여 아이에게 모성, 부성, 출생, 부부 관계의 대략을 설명해 줄 경우가 생긴다.

이런 때의 답변 요령도 서술해 놓았다. 단 앞에서 말한 지도 방법을 전부 취급하지 않고, 가령 여자의 생식기에 대하여 아무것도 모르는 남자에게는 여자 아이를 위한 설명에서 보충 설명을 듣는 것이 좋을 법하다.

8) 연애를 존중할 것

이상은 화제를 대략 훑어본 것에 불과하다. 아이가 열 살을 지날 무렵 아버지가 기회를 포착하여 애기를 들려주는 것이 바람직하다. 애기의 소재는 얼마든지 있다. 이 책에서는 조금 암시를 줄 뿐이다.

둘째 유형, 여자 아이에게 이야기하는 법

1) 아이는 어디서 어떻게 오는가?

첫째 유형의 1)을 참조할 것.

2) 동생이 태어날 무렵

뒤에서 서술하는 설명을 참조할 것. 이미 여자 아이에게는 여자로 태어난 자부심을 갖도록 노력하여야 한다는 점에 대하여 관심을 기울여야 한다.

3) 태아가 사는 방법

뒤의 설명을 참조할 것.

4) 아이는 어느 곳에서 어떻게 태어나는가?

여자 아이는 남자 아이와 달라 여자 신체의 생리적 설명을 필요로 하지 않는다. 그러나 소녀도 어떻게 아이가 태어

나는가를 문제로 삼고, 남자 아이처럼 엉뚱한 질문을 하는
수도 있다.

5) 아이의 출생에 아버지는 도움이 되는가?

소녀도 15세 무렵이면 이런 것을 질문한다. 그러나 지금
의 아이들은 조숙하기 때문에 11, 12세 정도가 되면 벌써 이
런 의문을 갖는 모양이다.

아이에게는 정직하게 대답하는 것이 좋다. 부부 관계를
설명해도 대부분의 소녀는 낙담하지 않는다. 소녀들은 훨씬
환상적이며 감상적으로 이 관계를 상상한다. 다만 그 아이
가 현명한 순결 교육을 못 받은 경우에는 성을 추잡하게 생
각하게 되는 사례도 적지 않다.

어릴 때, 특히 감수성이 강한 소녀기에 이런 인상을 받게
되면 결혼 후에까지 영향을 끼쳐 냉정한 아내, 엄격주의의
아내가 되는 경우가 있다.

이런 폐단이 없도록 어머니는 지금부터 딸에게 육체 관계
의 섭리적 의미를 일러 주어야 한다.

6) 언제 여자가 되는가?

여기에서는 소녀의 신체적 성숙에 대하여 말한다. 따라서
12, 13세가 된 후에 얘기하는 것이 좋다.

아이의 훌륭한 교육자인 어머니는 사춘기 현상이 일어나
도 단순히 위생상의 주의를 주는 것만으로 만족해서는 안
된다. 위생상의 주의를 주어야 함은 물론이고 출혈에 대한
응급 조처 및 국부를 언제나 청결하게 하도록 일러 주어야
한다.

그리고 덧붙여 생리의 예비 지식도 일러 주어야 한다. 만일 어머니가 생리에 대한 깊은 뜻을 설명해 주지 않으면 소녀는 (어른이 되어도) 이 부담을 싫어하며 여자로 태어난 운명을 마음속으로 저주할 것이다.

소녀에게 월경의 섭리적 의미를 일러 주고 자제력과 여자의 자부심을 갖도록 하는 심리적 방면을 지도해야 한다. 이 책도 이런 것에 힘을 기울였다.

7) 모성, 부성, 부부 관계, 출생의 대략

남자 아이를 위한 설명을 참조할 것.

8) 인생에 직면하는 일, 세상의 위험에 부딪치는 일

사춘기는 제2차 성징(性徵)이 나타나며 생식 기능이 완성되기 시작하는 시기로, 이성에 대한 관심이 예민해진다. 이 무렵에 조숙한 소녀는 이성 교제를 시작한다.

사춘기에 접어든 소녀는 나쁜 남자의 유혹에 걸리지 않도록 조심하는 동시에 자신의 과다한 감상 때문에 수렁에 빠지지 않도록 주의해야 한다. 여자의 감수성과 따뜻한 마음씨는 하나님이 위대한 일을 하도록 여자에게 주신 것이다. 이것을 일러 주어 신의 귀중한 은총을 낭비하지 않도록 해야 한다.

하나하나 위험을 구체적으로 제시하지 않고 다만 막연하게 충고해서는 안 된다. 마음이 순진하기 때문에 유혹에 빠지고, 심한 경우 순결까지 빼앗기는 일이 없도록 분명하게 충고할 필요가 있다.

아버지가 충고하는 것이 무게도 있고 인상도 깊을 것

이다. 그러나 아버지가 충고하는 것을 회피하는 경우에는 어머니가 이 역할을 맡지 않으면 안 된다.

애기의 요점만 이 책에 실어 놓았다. 아버지나 어머니도 자신들의 경험상 유익하다고 생각되는 교훈이나 이 책의 모자란 점을 보충해 주기 바란다.

셋째 유형, 남녀 모두에게 이야기하는 법

1) 순 결

이곳에는 순결에 대한 애기가 서술되어 있다. 아이의 출생과 아버지의 역할에 대한 지도는 자주 소년들을 괴롭히는 문제이다. 한번 설명을 들으면 며칠 동안 이 새로운 지식이 머리에 달라붙어 떨어지지 않는다. 또 종교 및 윤리 시간에 '악한 마음'이라는 말을 자주 들어 왔다.

"악한 마음이 무엇인가?"

부모는 이에 대한 설명을 특별히 잘해야 한다. 성욕을 부끄럽고 추한 것으로 설명해서는 안 된다. 성욕은 자연스러운 욕구이지만, 그것에 어떻게 대처하느냐에 따라 신성한 것도 될 수 있고 추악하게 타락될 수도 있다는 것을 정말 설득력 있게 설명해야 한다.

자녀 교육에 아버지의 말처럼 효과적인 것은 없다. 자녀가 '악한 마음'은 '이런 것이다'라고 바르게 판단하게 되면, 끝까지 악한 마음을 뿌리칠려고 노력한다. 먼저 아버지의 역할을 설명하고, 며칠 지난 후에 순결 교육을 시키면 소년의 산란한 마음도 차분해진다.

2) 인간의 사랑

이 문제는 어느 정도 이 책의 주제에서 벗어난 것이다. 그러나 때에 따라서 다소 도움이 될 수도 있을 것이라 생각하여 여기에 실었다.

동물의 교미 장면을 아이가 우연히 보았다고 하자. 이때 아이는 적잖은 호기심과 충격을 받게 된다. 이런 경우 교육자는 아이의 반응을 잘 살피고, 동물간의 교접과 인간의 사랑의 큰 차이를 역설하는 것도 참으로 교육적 효과가 있을 것이다.

2. 이야기하는 방법의 실례

남자 아이의 경우

1) 아이는 어디서 어떻게 오는가?

엄마가 너의 질문에 대하여 이야기해 주겠다. 지금 엄마가 애기하는 것은 네가 비밀을 지킬 수 있을 만큼 컸다고 믿기 때문에 털어놓는 것이다. 이것을 동생이나 친구들에게 떠벌려서는 안 된다. 친구들은 저희 엄마한테 들을 수 있을 테니까.

아이는 맨 처음에 하나님이 계신 곳에서 온단다. 아이에게 영혼을 주시는 분은 하나님이신데, 하나님은 전능하시니까 아이를 위해 영혼을 만들어 주신 것이다.

아이가 인형과 다른 점은 너도 알고 있겠지? 인형은 움직일 수도 없고, 보고 느낄 수도 없는데, 아이는 움직이고 사물을 보거나 듣기도 한다. 즉 인형은 영혼이 없기 때문에 살 수 없는데, 아이는 영혼이 있기 때문에 살고 있는 것이다.

그래서 하나님께서 아이에게 영혼을 주시는 것은 세상에
서 가장 소중한 것이란다.

그런데 갓난 아이는 약하단다. 누군가 돌봐 주지 않으면
살아갈 수가 없어. 그래서 아이는 엄마 아빠에게 의지하는
것이란다. 아이가 태어나기 전, 그러니까 아주 자그만했을
때는 더욱 엄마를 의지하고 있었단다.

하나님께서는 한층 더 다정하게 아이를 엄마에게 맡기셨
단다. 하나님께서 엄마 몸 속의 심장 옆에다 깊숙하고 따뜻
한 잠자리를 아이를 위해 만들어 주셨는데, 아이는 그곳에
서 열 달 동안 있다가 어느 정도 자라게 되면 세상으로 나오
게 된단다.

엄마도 너를 오랫동안 엄마 몸 속의 심장 옆에 두고 있
었다. 하나님께서 엄마에게 너를 보내 주실 때 말할 수 없이
기뻤단다. 그래서 너를 보호하면서 튼튼하고 건강하게 자라
도록 정성을 쏟았다. 네가 엄마의 뱃속에 있을 때부터 너를
사랑했는데, 너는 엄마를 이처럼 사랑할 수는 없을 것이다.

사실을 말하면, 아이는 하나님의 뜻에 따라 엄마의 몸을
빌어 태어나는 것이지. 그래서 세상의 엄마들은 자기가 낳
은 아이를 하늘처럼 사랑하는 것이란다.

그런데 이것은 엄마와 너, 우리 두 사람만의 비밀임을 약
속하자. 왜냐하면 이런 것은 너무 소중한 것이기 때문에 함
부로 말할 수는 없는 것이야. 그리고 앞으로도 네가 궁금한
일이 있으면 언제나 엄마한테 물어 보렴. 엄마는 언제나 지
금처럼 사실을 대답해 줄 테니까.

2) 동생이 태어날 무렵

너도 요즘 가끔 듣는 것처럼 얼마 있으면, 남동생이나 여동생이 태어날 거야. 아이가 어디서 태어나는지, 또 태어날 때까지 하나님께서 아이를 엄마에게 맡겼다는 것은 벌써 얘기했었지.

하나님은 또다시 엄마에게 너의 어린 남동생이나 귀여운 여동생의 엄마가 되는 기쁨을 주셨단다.

엄마가 된다는 것은 힘든 일이야. 이제는 너도 알겠지만, 사람은 언제까지나 살아 있을 수가 없단다. 세월의 흐름에 따라 차차 나이를 먹고, 늙고 죽는다. 물론 아주 젊은 나이에 병들거나 사고로 죽는 사람도 있단다.

아이는 죽은 사람의 빈자리를 메우기 위하여 태어나는 것이란다. 생각해 보렴, 만약 죽은 사람의 빈자리를 아이가 태어남으로써 메우지 않으면 도대체 어떻게 되겠니? 결국 세상에는 사람이 아무도 살지 못하겠지.

그래서 아이를 낳아 주는 엄마가 참으로 소중하다는 것이다. 아빠들은 대부분 밖에서 땅을 갈고, 집을 짓기도 하며, 비행기나 기계 등을 만들며 땅 속에서 석탄을 파기도 한다. 이것도 물론 중요한 일이다. 그러나 엄마가 되어 아이를 낳아 키우는 것이 더욱더 소중한 일이라고 너도 생각하겠지?

앞에서 얘기한 것처럼 하나님께서는 아이에게 영혼을 만드신 다음에 엄마의 심장 옆에다 놓아 두셨다. 이것은 아이에게 젖을 먹여 크게 자라도록 모든 책임을 엄마에게 맡기신 것이다. 이런 이유로 엄마가 몹시 피곤해서는 안 된다. 엄마가 그전보다 휴식을 취하지 않으면 안 되는 것을 너도 깨닫게 되겠지. 네가 너무 장난을 치거나, 말을 듣지 않으면 엄마의 걱정도 한층 많아져 몸이 더욱더 지치게 된단다. 그러니 잔심부름이라도 하면서 엄마를 도와다오.

너도 이제 많이 컸으니까 갓난 아이처럼 분별이 없으면 안 되겠지? 앞으로 몇 주일 동안은 특별히 엄마 말을 잘 들어다오. 너도 역시 엄마 뱃속에 있었어. 그러니까 그것을 잊지 말고 꼭 착한 아이가 되어야 해. 엄마는 네가 상냥하고 얌전한 아이라면 무척 기쁘겠다. 그러면 엄마도 피곤하지 않고, 태어나는 네 동생도 튼튼할 거다. 잘 부탁한다. 당분간은 착한 아이가 되어 주었으면 좋겠다. 약속하기로 하자.

3) 태아가 사는 방법

아이는 태어날 때까지 엄마 뱃속에서 어떻게 살까? 아이들은 곧잘 이 문제에 대하여 질문을 한다. 이런 경우 다음과 같은 설명을 해도 무난할 것이다.

앞에서 말한 것처럼 엄마 뱃속의 깊숙한 심장 밑, 어느 편안한 장소에서 아이는 살고 있단다. 아이는 그곳에서 보호를 받고 안전하게 자라고 있는 것이지.

그러면 어떻게 식사를 할까?

몸속의 근육과 내장에 필요한 영양분을 나르는 것은 혈액이다. 혈액은 우리들이 섭취한 음식물에서 생긴단다. 손목을 보면 파르스름한 동맥이 있다. 그것이 손에 혈액을 나르고 있는 것이다.

엄마는 엄마 몸속에서 흐르는 혈액의 양분으로 아이를 키우고 있는 것이다. 엄마와 아이 사이를 연결시키는 동맥관과 같은 것이 있는데, 그 동맥관을 통하여 아이에게 양분을 날라다 주지. 그렇게 엄마의 혈액으로 아이가 살아가며, 태어난 후에도 엄마의 젖을 먹고 힘차게 자라게 된다.

이제 밖으로 나갈 수 있을 만큼 아이가 자라면, 마치 잘 익은 열매가 나무에서 떨어지는 것처럼 엄마 몸밖으로 나오게 된단다. 너도 배 한가운데 조그마한 배꼽이 있지. 거기에 동맥관이 있어서 엄마와 아이가 연결되어 있기에 아이는 자라날 수 있었던 것이다. 그러니까 배꼽은 네가 엄마 뱃속에 있을 때 온갖 영양분을 섭취하며 자랐다는 표시인 것이지.

엄마와 아이의 연결은 이처럼 깊은 것이다. 처음부터 엄마는 자신의 살이나 피를 아이에게 주며, 아이가 크게 자란 후에도 일평생 온마음을 기울여 사랑하는 것이란다.

4) 아이는 어느 곳에서 어떻게 태어나는가?

봄이 되면 햇빛을 받으면서 들판의 꽃이 피는 것을 너도 보았을 것이다. 서서히 꽃봉오리가 벌어지면 그때까지 쌓아 두었던 향기가 사방으로 풍기게 된다.

하나님은 때가 되면 엄마의 몸을 꽃처럼 피게 하여 그때까지 뱃속에 소중하게 숨겨 두었던 아이를 낳도록 만들어 주셨다.

너도 "태내에 있는 아이 예수를 축복한다."고 기도드리는 천사의 축사를 알고 있겠지?

교회에서는 아이를 과일에 비유하고 있단다. 물론 아이는 다른 어떠한 과일보다 훨씬 귀중한 것이지. 아이도 아름다운 꽃을 보는 눈, 새가 지저귀는 소리를 들을 수 있는 귀를 가지며, 또 사람이 말하는 것과 시키는 일을 판단하는 지혜를 갖게 된다. 다른 꽃이나 열매는 이런 것을 갖고 있지 않단다.

아이는 혼자 힘으로 살 수 있을 때까지 엄마의 심장 옆에서 열 달 동안 자란 후에 태어난다. 그래서 하나님은 엄마의 뱃속에 참으로 부드럽고 특별한 장소를 만들어 '이제다' 할 때, 그곳이 넓어져서 아이가 편하게 나오도록 되어 있다.

이 부드러운 장소는 엄마의 배꼽 밑에 특별히 만들어져 있다. 아이가 태어날 때 엄마의 몸은 꽃이 피는 것처럼 나오는 문이 서서히 벌어져 아이가 나오게 된다.

그러나 아이를 낳기 위해서 엄마는 고생을 하게 되지. 태어날 무렵에는 병원이나 집에서 며칠 동안 침대에 눕게 된다. 그 고통을 나와 다른 엄마들도 모두 견디어 왔다. 그처럼 태어나기 전부터 아이를 사랑했던 것이지.

그렇기에 교양이 있는 남자들은 여자를 존중하게 된다. 또 나이가 든 처녀들도 언젠가는 엄마가 되기 때문에 소중히 생각하게 된다. 언제나 여자에게 우선의 편의를 제공하고, 차내에서는 자리를 양보한다.

남자들이 이처럼 하는 것은 하나님이 여자에게 커다란 역할을 맡겼기 때문이다. 하나님이 베풀어준 아이를 배고, 낳은 다음에 키우는 소중한 임무가 있기 때문이다.

지금 엄마가 일러준 얘기는 너에게만 말하는 것이니 친구들에게 말해서는 안 된다. 친구들은 저희 엄마가 얘기해 줄 테니까.

너도 알고 있듯이 엄마는 네가 묻는 말에는 언제든지 분명하게 답변했다. 앞으로도 그렇게 하겠다. 그러니까 친구들하고 이런 얘기를 해서는 안 된다. 이 얘기는 엄마 아빠하고만 얘기하는 비밀이다. 너의 질문에 엄마가 친구들보다 훨씬 훌륭하게 대답하는 것을 너도 짐작하겠지. 그러니까 이런 얘기는 꼭 엄마하고 나누어야 한다.

그리고 마음속으로 늘 아줌마들이나 얼마 후에 엄마가 될 수 있는 소임을 하나님으로부터 부탁받고 있는 여자들을 소중히 여기는 마음씨를 가져야 한다.

5) 아이의 출생에 아버지는 도움이 되는가?

네가 태어나기 위해서 아빠는 무엇을 했는가, 또 아이를 위하여 엄마 뱃속에 하나님이 만들어 주신 따뜻한 잠자리에 너를 누가 가져다 놓았는가를 너는 알고 싶겠지? 엄마가 알기 쉽게 얘기하겠다.

하나님께서는 아이에게 영혼을 주시면서 엄마 아빠에게 양육의 책임을 맡기셨다. 그러니까 아빠가 더한층 아이를 사랑하도록 하기 위해 아이가 태어날 때 협력하는 것이 좋다고 하나님께서 정하신 것이다. 그래서 엄마의 몸속에 아이의 생명을 가꾸는 가장 중요한 역할을 아빠에게 주었단다.

어떻게냐고?

봄이 되면 산과 들에 개암나무 꽃이 피지? 작은 꽃에서 어떻게 한 그루의 개암나무가 자라는 것일까? 다른 개암나무 꽃이 조그마한 꽃가루를 낳고, 그 꽃가루가 바람과 벌과 나비에 의해 날려져 처음 꽃의 핵 속에 빠진다. 즉 다른 곳에서 온 꽃가루가 꽃을 피우게 하고 열매를 맺게 한단다. 이리하여 이 열매에서 아이 개암나무가 생겨나는 것이란다.

아이가 태어나는 것도 그것과 똑같은 이치란다. 엄마가 꽃이라면 아빠는 꽃의 핵 속에서 꽃가루가 하는 역할과 똑같은 일, 그러니까 정기를 품어 넣는 액체를 이곳에 쏟는 일을 한단다. 그렇게 되면 아이는 엄마 뱃속에서 모양이 형성된다.

처음에는 눈에 보이지 않는 조그마한 것이다. 그래도 엄마는 이 작은 아이를 키워 서서히 자라게 한 다음에 밖으로 나오게 한다.

하나님은 아빠 엄마가 똑같이 아이에게 생명을 주도록 남자와 여자의 몸을 편리하게 결합할 수 있게 창조하셨다.

남자 아이와 여자 아이의 몸이 틀린다는 것은 너도 잘 알고 있겠지? 엄마가 전에도 얘기한 일이 있었고, 또 아이가 밖으로 나오도록 하나님께서 여자의 몸에 특별히 부드러운 장소를 만들어 놓았다고 얘기했었지. 바로 그곳은 새로운 생명을 싹트게 하는 놀라운 힘을 발휘하는 그 액체를 아빠가 쏟아넣는 장소이기도 하다.

참으로 굉장한 힘이 아니냐?

넌 많이 컸으니 오래지 않아 청년이 된다. 그러면 생명을 싹트게 하는 굉장한 힘을 가진 액체가 너의 몸에서도 나오게 된단다. 얼마 있으면 너도 몸의 변화를 느끼겠지. 이렇게 자연은 미리 손을 써서 네가 언젠가는 아빠가 되도록 준비해 주는 것이란다.

끝으로 아빠가 너를 무척이나 사랑하고 있다는 사실을 잊어서는 안 된다. 우리집에 태어난 너를 훌륭히 키우기 위해 아빠는 더욱더 열심히 일을 하시는 것이다. 가령 여름 방학때 네가 시원한 곳에서 놀고 있을 때에도 아빠는 그 무더위 속에서 땀을 흘리며 날마다 일하고 계신다. 아빠는 너를 위하여 기쁜 마음으로 일하시는 것이다. 그러니 아빠에게 늘

감사드려야 한다.

또 한 가지 명심해야 할 일이 있다. 그것은 네가 태어난 것이 아빠와 엄마만의 덕택은 아니라는 사실이다. 네가 엄마 몸에 자리잡을 때 처음부터 두 사람을 도와준 하나님은 이 귀중한 순간에 특별히 은혜를 베푸신 것이다.

실로 너의 영혼을 만들어준 이는 하나님뿐이다. 아빠와 엄마는 너의 몸을 만들고, 하나님은 더 귀중한 영혼을 너에게 주신 것이다. 그러니까 네게는 세 사람의 은인, 즉 하나님과 아빠와 엄마가 있는 것이지.

너도 이제 많이 자랐으니 아빠의 은혜도 알고 있겠지. 아빠와 엄마는 네가 훌륭한 사람이 되기를 바라고 있어. 정직하고 책임감이 강한 사람, 불쌍한 사람을 돕고 국가와 사회를 위해 기꺼이 봉사하는 사람이 되었으면 좋겠어. 그것이 부모님과 하나님의 은혜에 보답하는 일이란다.

6) 언제 남자가 되는가?

너도 머지않아 청년이 된다. 그러면 새롭고 어려운 문제가 네게도 일어나게 되겠지. 차차 애들 같은 장난도 싫증이 나고, 어릴 때는 몰랐던 여러 가지 문제에 마음이 끌릴 것이다.

다른 사람들이 너를 차차 아이로 취급하지 않고, 어엿한 청년으로 대하는 것을 서서히·깨닫게 될 것이다. 그때는 아빠와 엄마도 너의 의견을 존중할 것이다. 한마디 말로 어떤 일을 금지시키거나 또 무엇을 명령하든지 할 때에도 네가 납득하도록 얘기를 할 것이다. 너도 많이 컸기 때문에 한사람 몫의 행동을 하도록 너에게 바라고 있는 것이다.

네가 청년으로 성장하면 생각도 깊어지고 관심사도 달라지게 된다. 또한 너의 신체도 아이에서 청년으로, 그리고 어른이 되어 간다. 일전에 아이가 태어날 때 아빠의 역할을 말한 것은 네 몸의 발달을 주의시키려는 이유에서 했던 것이다.

네가 조금 더 크면 이성과 만나는 자리에서 새로운 느낌이 일어날 것이다. 전에도 얘기한 생명의 액체가 너의 몸에도 생겨 그것이 새로운 감정을 일으키게 하는 것이다. 그리 놀라지 않아도 된다. 봄이 왔을 뿐이니까.

내가 이런 이야기를 하는 것은, 이러한 사실의 참다운 뜻을 네가 알아주기를 바라고, 또 너의 몸과 상상력을 소중히 간직해 주기를 바라는 뜻에서다. 그것은 네가 남자로서의 자격이 생기고, 얼마 후에는 아빠가 될 수 있다는 힘이 생겨 차차 충실해지는 증거다. 자연은 섭리에 따라 서서히 변화시키고 발전시킨다.

한 사람 몫의 육체가 형성되려면 20년 가량 걸린다. 그리고 사회인으로서의 자격을 갖추려면 많은 시간과 노력이 필요하고, 생업을 가진 후에도 꾸준히 공부하지 않으면 안 된다. 이와 똑같이 지금 네게 싹트고 있는 생명력이 충분히 완성되려면 앞으로 몇 년이 더 걸린다.

그러므로 일찍부터 그 힘을 낭비하면 몸과 마음이 해를 입을 수 있으니 각별히 주의해야 한다.

자신도 모르는 사이에 그 액체를 몸밖으로 방출하는 경우도 있다. 흔히 그것을 몽정이라 하는데, 만일 그런 일이 있다 해도 혼자 고민할 필요는 없다. 그러나 스스로 쾌감을 구하는 일은 해서는 안 된다.

그런 일은 주로 밤에 일어나는 일이니 지나치게 신경을 쓸 필요는 없다. 그러나 직접 만진다든지 음란 서적이나 비디오 등을 통하여 스스로 그런 일을 도발해서는 안 된다.

하나님은 아이들이 태어나 성장하는 좋은 환경은 오직 가정뿐이라고 생각하시고, 결혼이라는 안정된 사랑의 환경 속에서만 성을 향유하도록 정하신 것이다.

결혼하지 않은 남녀 사이에서 태어나는 아이들이 어떻게 되는지 너도 짐작할 수 있겠지.

사랑에는 마땅히 책임과 의무가 따른다. 자신의 행위에 책임을 지는 것이 인간의 도리이며, 책임과 의무를 다하는 사람만이 사랑할 자격이 있는 것이다.

사랑이 충만한 가정을 꾸미는 것은 하나님이 인간에게 부여한 엄숙한 사명이다. 그 가정을 통하여 부부가 자녀를 낳고 잘 양육하여 국가와 사회, 나아가 인류에 봉사하도록 만드는 것이다.

그래서 하나님은 부부 이외의 성행위를 죄악으로 규정하셨다.

네가 사회에 나가게 되면 강한 자제심이 필요하다. 지금부터 이와 같은 자제심을 길러야 한다. 너의 영혼을 혼란스럽게 하는 망념은 단호히 물리치고 네가 가치 있다고 생각하는 일에 몰두하여라. 그러면 너의 장래 생활을 위한 준비도 되며, 건강한 사나이가 되겠지.

꼭 그런 사람이 되어 주렴.

7) 모성, 부성, 부부관계, 출생의 대략

아이의 출생과 아빠와 엄마의 역할, 이 질문에 대한 모든 것을 대답해 주겠다. 너는 이 이야기를 통하여 무한한 생명의 신비를 배우게 될 것이다.

> 산아(產兒)는 여성으로서의 자기 희생이다. 자기 몸속에 희생의 생명을 기르는 여성은, 다른 환경에 있어서도 용이하게 그 덕성을 발휘한다. ─카일라일

● 어머니의 역할

여자의 자궁 양쪽에 새끼손가락만한 크기의 상자가 두 개 있는데, 이것을 난소(卵巢)라고 부른다. 여기에는 이 세상에서 가장 귀중한 난자(卵子)가 많이 들어 있다. 난자는 아주 작은 알이지만, 때를 만나면 싹이 트고 자라기 시작하여 열 달이 지나면 아이가 된다.

바늘귀보다도 더 작은 이 조그만 알 속에 무한한 보물이 숨겨져 있다. 난자는 극히 작으면서도 하나의 중핵(中核)과 많은 양분을 저장하고 있는데, 그 양분으로 태아를 키우게 된다. 게다가 '진주 목걸이(학명으로는 '진'이라는 염색체)'의 훌륭한 컬렉션(수집품)까지 포함하고 있다.

이 하나하나의 진주는 아이를 만드는 작업 과정에서 저마다 특수한 역할을 하게 된다. 이 목걸이는 24개가 있는데, 그 하나하나가 크기나 구조가 틀린 낳은 진주를 가시고 있다. 그러니까 목걸이는 여러 가지 특성이 있는 씨앗의 진주로 되어 있는 것과 같다.

진주는 각각 특성을 가지고 있으며, 아이의 몸체를 만드는데 특수한 역할을 맡고 있다. 예를 들면 제3목걸이의 제13

진주는 푸른 눈 또는 검은 눈에 대한 요소를 포함하고 있으며, 제22목걸이의 제14진주는 입술을 두껍게 하거나 얇게 하며, 제2목걸이의 제8진주는 키가 작거나 또는 큰 것을 정한다.

난소에는 5천 개 정도의 난자가 있는데, 그 하나하나가 다른 진주로 되어 있는 목걸이의 컬렉션을 가지고 있다. 형제 자매라 하더라도 똑같지 않은 것은 이런 연유에서다. 물론 이런 목걸이에는 흡사한 진주로 되어 있는 것도 있다. 그러므로 형제 자매는 어딘가 공통적인 특징을 갖게 된다.

어머니의 난자와 아버지의 정자가 만남으로 인해 수태하는 순간부터 그 아이의 모든 특징은 이미 정해져 있다. 진주의 성질이 이것을 결정한다. 그러니까 난자는 무한한 보물을 숨기고 있는 것이며, 여자의 몸 가운데 가장 귀중한 요소이다.

다른 인체 세포는 전도가 유망하다고 볼 수 없으나 난자 하나하나의 장래는 희망에 차 있다. 정자를 만나게 되면 지상에서 가장 귀중한 존재인 인간을 낳을 수 있기 때문이다.

이 행운을 만나게 되면 난자는 활발하게 움직이기 시작해서 수란관(輸卵管) 속으로 들어가 봄을 맞이한 나무처럼 싹이 터서 몇 번이고 배로 증가되어 세포를 불리어간다.

이 최초의 분할 시기에는 그다지 이상한 점이 없으나 제2기에 들어서면 놀라운 일이 일어난다. 이러한 세포가 여러 모로 갈라지는데 뼈, 신경, 근육 등으로 분화된다. 게다가 가장 놀라운 것은 제3기인데, 여러 종류의 세포가 동료들이 밀집하고 있는 속을 헤치며 여러 번 우여곡절을 거친 다음 마침내 적당한 장소에 자리를 잡는다. 이때부터 다른 곳에

서 온 수백만 개의 세포와 협력 조직을 만들어 그 나름대로
의 담당 부서에서 자기 소임인 몸의 부분을 구축하게 된다.

이렇게 해서 시각, 청각, 혈액의 순환 계통, 신경 계통 등
이 만들어지며, 특히 혈액이나 신경은 몸속 구석구석까지
이루게 된다. 이 창조 작업은 경탄할 만한 것이며, 학자들도
감탄을 금치 못한다.

이 비상한 건축은 수태 후 두 달 동안에 이루어지며, 두
달이 지난 후에 난자는 수란관을 뚫고 나와 자궁 내막(子宮
內膜)에 정착하게 된다. 자궁은 끝이 약간 날카로운 조그마
한 둥근 바늘과 같은 형태로 12센티미터 정도되며, 질긴 띠
로 복부에 매달려 있다.

자궁 경관(子宮頸管)은 아래로 질(膣)이라는 나선형의 관
에 통해 있다. 이 관은 정확히 가랑이 사이에 출구를 가지고
있다.

자궁 속에다 매달 모체는 태아를 받아들이는 따뜻한 보금
자리를 만들고, 이 따뜻한 보금자리의 근육 토대를 강화시
킨다. 그와 동시에 그곳에다 많은 혈관을 통하게 해서 태아
가 들어오게 되면 곧바로 자랄 수 있도록 해놓는다.

한 달 후에는 따뜻한 잠자리 준비는 완료되며, 난자와 정
자가 만나서 수태하면 수정관은 자궁 내에 따뜻한 잠자리를
갖게 되어 곧바로 아이의 몸체를 만들게 된다. 거기서 태아
는 충격이나 위험을 피하고 따뜻한 보호를 받으며 자라게
된다.

처녀의 몸은 머지않아 모성애라는 중대한 임무를 수행하
기 위해서 여러 가지 생리적 불편과 감정적 불쾌감을 참아
야 하는데, 남자에게는 이러한 불편이 없기 때문에 잘 모

른다.

남자에게 이런 이야기를 하는 것은 대부분의 남성들이 여자의 수고나 피로에 대하여 동정심이 모자라기 때문이다.

마땅히 남성들은 어머니나 자매들을 비롯하여 세상의 모든 여성들을 감싸주고 심한 노동이나 무거운 짐을 지는 일은 자신이 맡아서 하도록 해야 한다.

●아버지의 역할

그러나 난자가 수태하는 행운을 잡기 위해서는 아버지의 정자와 결합하지 않으면 안 된다. 어머니뿐만 아니라 아버지도 한 사람의 인간을 태어나게 하는 이 훌륭한 일에 참여하도록 하나님이 정하셨다.

남자의 생식기 아래에 음낭(陰囊)이라고 불리우는 부드러운 주머니가 있는데, 그 안에는 관과 세포가 복잡하게 얽힌 조직으로 된 고환(睾丸)이 두 개 들어 있다.

이 고환에서 정자가 만들어진다. 정자는 긴 꼬리를 흔들면서 돌아다니는 조그만 생물이다. 그 머리 부분에는 인간의 유전 인자(遺傳因子), 즉 눈빛이나 머리칼의 색깔, 키의 크기, 정신적 성질 따위의 것을 만드는 요소가 가득차 있다.

이 정자와 여성의 난(卵)이 합쳐 남녀의 유전적 특성을 운반하는 것이다. 그리고 그것이 합체(合體)해서 새로운 생명이 태어나게 된다. 남자의 고환에서는 계속 정자를 만들어내고 있다. 그리고 사람이나 연령에 따라 다소 틀린 빈도수로 요도(尿道)를 통해서 밖으로 나오게 된다. 보통은 밤에 잠자리에서 속옷을 조금 더럽히는 수가 있는데, 이것은 경계할 필요가 있는 병적, 혹은 부도덕적인 것은 아니다.

순결을 더럽히는 죄가 되는 것은 청소년이 의식적으로 망상을 한다든지, 음란한 것을 본다든지, 자위 행위를 하여 쾌감을 얻는 경우에 한한다.

일부의 청소년은 성욕이 왕성해지는 시기가 오면 스스로 육체의 쾌감을 자극시킨다. 이것은 일종의 유혹이며, 만일 이것에 재미를 붙이게 되면 하나님의 계명을 어기는 죄에 빠지게 된다. 순결을 지킨다는 것이 어렵다고 놀라지 말 것이며, 낙담해서도 안 된다. 이러한 유혹을 이길 수 있는 기력을 보여 주어야 한다.

● 남자 아이냐, 여자 아이냐?

남자 아이가 되느냐, 여자 아이가 되느냐?

이 문제는 아버지 쪽이 지닌 24개의 목걸이 가운데 하나의 진주에 의하여 정해진다. 그러니까 하나님의 섭리로 결정되는 것이다.

정자의 반은 남자 아이를, 나머지 반은 여자를 낳게 하는 진주를 가지고 있다. 그곳에서 남성화되는 진주를 가진 정자가 난자와 만나게 되면 남자 아이가 태어나고, 여성화되는 정자가 난자와 결합하면 여자 아이가 태어난다.

그러므로 남녀 어느 쪽이 결정되느냐 하는 것은 정자 목걸이 중 진주 한 개의 특수성 여하에 달려 있다.

마음대로 남자가 되고 여자가 되는 것을 스스로 정한 사람은 한 사람도 없다. 넓은 세상에 남녀가 거의 같은 비율로 되어 있는 것은 남자의 몸이 남성화되는 씨앗을 가진 정자와 여성화되는 씨앗을 가진 정자를 거의 같은 수효로 만들기 때문이다.

사람이 태어나는 이 구조는 참으로 정교하고 오묘하다. 하나님께서 창조력의 일부를 인간에게 부여해서 남녀 모두가 아이의 출생에 한몫의 구실을 하도록 해주신 일에 대하여 남녀 다같이 긍지를 가져야 한다.

●부부 관계

그런데 난자와 정자의 만남은 어떻게 이루어지는가? 그러하기 위해서는 아버지가 어머니 체내에 정자를 보내 주지 않으면 안 된다. 남자만이 가지고 있는 내민 음경은 질(膣) 안으로 들어가 자궁에다 정자를 나르는 일을 맡고 있다. 이러한 정자 가운데 하나가 난자과 결합하게 되면 그때부터 인간 창조라는 위대한 사업이 시작되는 것이다.

●출 생

태아는 아홉 달 이상 어머니 몸안에서 자란다. 그곳에서 서서히 자라 충분히 발달하게 되면 따뜻한 잠자리를 떠나 밖으로 나오게 된다. 이것이 출생이다.

어떻게 해서 태어나는가? 태아가 모체 밖으로 나오기 위해서 통과하는 길을 산도(産道)라 하는데, 자궁 경관에서 질까지 이어져 있는 원통과 같은 부분을 연산도(軟産道), 이 바깥측을 에워싸고 있는 골반을 골산도(骨産道)라 한다. 이것은 보통 아이의 머리보다 큰 것이 보통이다.

골반 뼈를 잇고 있는 관절이 임신 말기가 되면 느슨해지고, 출산할 때는 약간 넓어져서 아이가 쉽게 통과할 수 있게 된다. 그러나 산도를 빠져나오지 못하는 아이는 제왕절개나 그밖의 조처를 취하게 된다.

밖으로 나온 아이는 큰 소리로 울고 호흡하면서 세상의 생활을 시작한다. 아이는 이러한 모험을 거쳐 태어나는 것이다.

아이의 몸체를 만드는데 부모가 다같이 긴밀하게 협력하기 때문에 아이는 부모 중 한쪽 또는 양쪽의 모습을 닮게 된다. 아이의 각 부분은 아버지와 어머니가 주신 선물이다. 아이를 낳을 때 다같이 협력하였기 때문에 부부 두 사람은 아이를 사랑한다.

아이를 헌신적으로 보살펴 주는 부모가 곁에 있어야 비로소 아이는 순조롭게 성장한다. 때문에 남녀의 육체 관계는 반드시 결혼에 의해서만이 이루어져야 한다고 하나님께서 규정하신 것이다.

그러므로 결혼이라는 제도를 만드신 하나님의 참뜻에 깊은 경의를 표하고, 결혼할 때까지는 순결을 지켜야 한다.

8) 연애를 존중할 것

친구끼리 연애라든지 결혼 얘기가 나오게 되면 저속한 농담으로 흐르는 것을 너도 들은 일이 있었을 것이다. 연애를 어떻게 생각해야 좋을 것인가?

연애라는 것이 어떤 것인지에 대해 아직 너는 모르고 있을 것이다. 그러나 사랑의 생활이란 어떤 것인가에 대해서는 집에서도 알 수 있는 일이다.

사랑은 하나님께서 인간의 마음에 베풀어 주신 감정 가운데 가장 아름답고 상냥하며, 힘찬 것이다. 엄마는 아빠와 결혼하고 같이 지내는 것이 가장 큰 기쁨이며 힘이 된다. 그러므로 엄마는 연애가 나쁘다고 비난하는 것은 좋아하지 않는다.

비난하는 사람은 연애의 육체적 측면만을 보아왔기 때문이다. 물론 이것도 포함되지만 그 밑바닥엔 애정, 보살핌, 희생심이 흐르고 있으며, 육체적인 면보다 훨씬 범위도 넓고 서로가 통하는 마음과 공동 사업(아이들의 교육)에 대한 협력까지도 포함되어 있다.

일부 몰지각한 사람은 여성에 대해 육체적인 부분만을 바라본다. 그러나 그것은 여성에게 크나큰 실례가 아닐 수 없다. 자신을 낳아 주고 길러 주신 어머니를 생각한다면 그렇게 불측한 생각은 할 수도 없는 것이다.

무슨 일이든 너의 마음이 문제이다. 네 마음이 세상의 모든 것을 결정한다. 그렇다고 믿고 무엇을 보고 있으면 전부가 그런 것같이 보이게 된다. 여성이 아름답고 소중한 존재라고 생각하고 보면 역시 아름답다. 연애도 이와 마찬가지이다.

여성을 아름답게 생각하는 남자는 연애도 아름답게 생각한다. 연애의 아름다움에 감동을 느끼는 남자는 행복하다. 그는 틀림없이 생애를 통해서 여성의 아름다움에 대한 동경을 갖고 있을 것이며, 결혼을 해서도 아내나 딸을 소중하게 여길 것이다. 반대로 여성의 아름다움에 둔감한 남자는 항상 여성을 괴롭힐 것이 틀림없다. 그리고 그의 마음에는 연애라든가 사랑이라든가는 평생토록 싹이 트지 않고 일생을 끝내버리고 말 것이다.

연애의 기본 조건은 사랑하는 마음이다. 참다운 사랑이란 비록 생활을 함께 하고 있지 않아도 — 멀리 떨어져 있어도 — 살아 있는 한 그 사람을 계속 상기하고 그것으로써 자신이 격려를 받는 심정을 말한다. 그리고 이것은 인생에서 얻을 수 있는 최고의 가치임과 동시에 기쁨이고 행복이다.

연애를 존중하는 사람이 되어라. 그 아름답고 인간적인 정에 감동을 느낀 남자는 행복하다.

여자 아이의 경우

1) 아이는 어디서 오는가 ?

남자 아이의 경우 참조.

2) 동생이 태어날 무렵

남자 아이의 경우 참조.

3) 태아가 사는 방법

남자 아이의 경우 참조.

4) 아이는 어느 곳에서 어떻게 태어나는가 ?

남자 아이의 경우를 참조하고 이렇게 덧붙이는 것도 좋다.

여자의 소임은 이처럼 훌륭한 것이다. 그러니까 너도 여자로 태어난 것에 대하여 무한한 자부심을 가져야 한다.

5) 아이의 출생에 아버지는 도움이 되는가 ?

남자 아이의 경우 참조.

6) 언제 여자가 되는가 ?

너도 많이 자랐구나. 머지않아 아이가 아닌 예비 숙녀가

될 것이다. 그런데 거기에는 두세 가지 일이 따른단다. 그래
서 네가 놀라지 않고 훌륭히 견딜 수 있도록 사전에 얘기해
주고 싶구나. 엄마도 그런 경험을 했었기 때문에 이런 이야
기를 해주는 것이다.

대개의 경우, 여자 아이의 몸이 눈에 띄게 변화하는 것은
열두 살이 되는 무렵부터이다. 그러나 그것은 열두 살이라
고 꼭 정해져 있는 것은 아니다. 아홉 살이나 열 살 때부터
하복부에 치모가 자라고 가슴이 부풀기 시작한 아이가 있는
가 하면, 열다섯 살을 넘겼는 데도 그런 흔적이 전혀 없는
아이도 있다.

이렇듯 사람에 따라 성숙이 빠르냐 늦냐의 차이가 있는
데, 남보다 빠르거나 늦는다고 해서 걱정할 필요는 없다. 왜
냐하면 어떠한 여성도 결과적으로는 같은 발달을 하게 마련
이기 때문이다.

육체의 발달 중에 여자 아이가 가장 신경을 쓰는 것은 역
시 젖가슴의 발육에 대해서일 것이다. 젖가슴이 자라는 것
은 차츰 어른이 되어 가고 있다는 증거이다. 그러므로 축하
할 일이지 부끄러워할 일은 아니다.

젖가슴이 부풀기 시작할 무렵에서 얼마 쯤 후 너의 몸에
한 가지 변화가 있을 것이다. 흔히 그것을 멘스 또는 생리라
고 하는데, 오줌이 나오는 데보다 조금 아래서 4, 5일 정도
피가 나오는 일이 있단다. 그러나 자연히 멈추니까 걱정할
필요는 없다. 출혈이 생기는 것은 자궁에서부터인데, 그것
은 자궁이 어른이 되었다고 알려주는 것이란다.

물론 멘스를 한다고 해서 금방 어른이 되는 것은 아니고,
처음엔 걸음마하는 아이처럼 불완전한 것이란다. 따라서 네

가 멘스를 시작하면 그만큼 어른에 가까워진 증거이니만큼 기뻐해야 될 일이다.

자궁은 아이를 기르는 장소이고, 피가 나오는 길은 이윽고 아이가 지나는 장소이니까 이제부터 그곳을 상처주지 않게, 또 불결하지 않도록 주의해야 한다.

다행히 멘스의 시작은 아침, 특히 잠자리에서 일어났을 때 깨닫는 일이 많다. 그리고 학교나 밖에서 생기는 일도 있는데, 그럴 경우에도 대출혈이 생기는 일은 없으니까 안심해도 된다.

(생리대를 보여 주며) 이것은 엄마가 쓰고 있는 것과 똑같은 것인데, 너를 위해 미리 사두었다. 사용법은 이렇게……. 준비가 없는데 멘스가 있으면 우선 휴지를 접어서 대도 괜찮다. 그러니까 매일 휴지를 잊지 말고 가지고 다니도록 하여라.

멘스는 너와 엄마 아빠에게 있어서 한층 행복한 사건이다. 그러니 멘스가 있으면 꼭 엄마에게 먼저 말하여라. 엄마가 축하하고 도와주겠다.

그 시기가 되면 마음이 초조해지고 감정이 산만해지기 쉽다. 그때는 자신을 억제하여 신경을 날카롭게 쓰지 말고, 원기를 회복하는데 좋은 단련의 기회로 삼아야 한다.

넌 기운을 내서 잘 견딜 것이라고 엄마는 기대하고 있다.

7) 모성, 부성, 부부 관계, 출생의 대략

아이의 출생과 거기에 따르는 아빠와 엄마의 역할을 지금부터 설명해 주겠다. 너는 이 이야기를 통하여 무한한 생명의 신비를 배우게 될 것이다.

●어머니의 역할

남자 아이의 경우 참조.

●아버지의 역할

남자 아이의 경우 참조.

●남자 아이냐, 여자 아이냐?

남자 아이의 경우 참조.

●부부 관계

남자 아이의 경우 참조.

●출 생

남자 아이의 경우 참조.

8) 인생에 직면하는 일, 세상의 위험에 부딪치는 일

성교육이라는 것은, 특히 그것이 사춘기에 이르기 전에는, 단순한 성적 지식의 교육으로 그쳐서는 안 된다. 성적 지식과 더불어 생명의 숭고함, 참된 사랑의 의미, 행복한 가정의 조건 등을 말하여 올바른 인간상을 정립시켜 주는 데에 목적이 있다.

자녀의 성교육은 너무 무심해서도 문제이지만 너무 지나쳐도 역시 문제이다. 부모가 자녀의 발육 상태에 따라 적절한 어드바이스를 해주는 것이 좋다.

딸을 키우는 어머니는 초조(初潮)가 있기 전에 멘스에 대한 이야기와 신체의 변화 등에 관하여 반드시 말해 두어야 한다.

그러나 초등학교 정도의 여아에게 '아이는 어떻게 생

긴다'라는 것을 적극적으로, 상세하게 설명할 필요는 없다고 나는 생각한다. 앞에서 말한 것처럼 아이의 수준에 따라 대답을 해주는데, 육체적인 측면보다 정신적인 측면을 설명하는 것이 바람직하다.

중학생 이상의 딸은 단순한 생리 교육으로는 부족하다. 이렇게 말한다고 해서 성생활이 무엇이라는 과학적인 설명을 하라는 것은 아니다.

그러한 일을 어머니와 딸이 일 대 일로 얘기할 수도 없는 것이고, 또 얘기할 필요도 없다. 옛날과 달라서 그 역할을 맡아주는 잡지나 책이 많기 때문이다. 문제는 성숙한 딸에게 그중에서 올바른 지식을 받아들이고 틀린 해석이나 지나친 의견은 떨어버릴만한 판단을 갖도록 키워주는 것이다. 이렇게 되기 위해서는, 즉 모녀간의 허심탄회한 대화를 위해서는 어릴 때부터 대화를 생활화하는 습관을 길러야 한다.

고교를 졸업한 딸에게는 보다 섬세한 교육이 필요하다. 대학에 진학하거나 사회 생활을 시작할 때 다음과 같은 정도로 말해두면 좋을 것이다.

"이젠 너도 아름답고 어엿한 숙녀가 되었구나. 아마 머잖아 너에게도 이성 친구가 생길 것이다. 그것은 네 자신이 스스로 결정하여 행하면 되니까 엄마는 깊이 관여하지 않겠다. 엄마는 너를 믿고, 너의 의견을 존중한다.

그러나 엄마가 단 한 가지만 부탁하고 싶다. 너에게 이성 친구가 생기면 엄마 아빠에게도 소개시켜 달라는 것이다. 엄마도 네 아빠와 만났을 때 그랬단다. 역시 지금의 너처럼 엄마의 엄마, 즉 너의 외할머니에게 그렇게 약속하고서 말이야.

두 사람이 은밀히 만나는 것보다 양가 부모들이 알고서 자유롭게 만나는 것이 훨씬 밝고 건강한 교제가 되는 것은 물론이야. 왜냐하면 서로가 강한 책임감을 느끼고 탈선으로 흐르는 것을 자제하기 때문이지.

그리고 아버지도 이제부터 너의 힘이 되어 주실 것이다. 남자의 마음이나 행동을 이해할 수 없을 때는 아버지에게 상의하렴. 아버지도 남자이니까 남자의 심리나 행동은 누구보다 잘 알 수 있지 않겠니.

아무쪼록 이성 문제나 성문제로 고민이 있을 때는 혼자 애를 태우며 끙끙 앓지 말고 엄마나 아빠에게 상의해 봐, 알겠지?"

사랑을 구해서

아동심리 연구에 의하면, 아이들은 사랑받기를 열렬히 바라고 있다고 한다. 게다가 자기에게만 사랑이 쏠리도록 끊임없이 힘쓴다.

감정 생활은 태어난 지 몇 개월 후부터 왕성하게 활동한다. 물론 아이의 애정은 청소년이나 어른들의 애정과는 상당히 다르다.

애정 욕구가 대단히 강한 것이 아이의 특징이다. 그러면서도 남을 사랑하는 능력은 턱없이 부족하다. 이에 반해 소년기에 접어들어 정상적인 발달을 이룬 아동은 사랑을 받고 싶어하는 동시에 사랑하고 싶다는 욕구를 갖는다. 마치 악착스럽게 긁어모아 이제 겨우 남에게 은혜를 베푸는 여유가 생긴 사람과 흡사하다.

소년기의 우정, 청년이나 어른들의 연애 및 부부애, 사회를 사랑하고 봉사하는 마음씨는 분명히 이 진보의 발자취를 보여 주고 있다.

1. 애정의 이른 출발

젖먹이는 자기 본위이며, 무엇이든지 제 앞으로 긁어모으려 한다. 몇 개월이 지나서 어머니에 대한 애정이 싹트는데, 이것 역시 자기를 이롭게 하자는 데서 나온 계산이다. 어머니로부터 자신의 쾌적과 만족, 그리고 안정을 얻어 보자는 속셈이다. 어머니가 젖을 주고, 몸을 깨끗하게 씻어 주고, 기분좋게 보살펴 주니까 따르는 것이다. 이런 애정의 유형에 남에게 향한 봉사심이 개입되는 것은 훨씬 나중의 일이다.

오늘날에 와서 아이의 애정이 일찍부터 싹튼다는 것은 확정적인 이론으로 되어 있다.

제1차 세계대전 후, 많은 전쟁 고아와 부상당한 아이들이 위생 시설이 지독하게 좋지 않은 상황에 빠져 있었다. 그래서 양식 있는 사람들이 사재를 털어 아이들을 수용할 수 있는 시설을 만들었다.

처음에는 뜻있는 사람들이 손수 아이들을 돌보았다. 그러나 차츰 일손이 딸리고 시설 관리 및 위생 상태 등이 문제시되었다. 이런 문제점을 개선하기 위해 전문적인 보모를 채용하여 아이들을 맡기고, 틀림없이 좋은 결과가 나오리라고 기대하고 있었다.

그러나 이 기대는 산산이 부서지고 말았다. 1950년, 런던에서 개최된 만국 정신위생학 대회에서 전문 학자들로부터 이 방법의 결점이 공식적으로 인정되었다. 보건이라는 점에

서 볼 때는 과연 개선이 되었다. 그렇지만 아이들(그 가운데
는 이미 소년기에 접어든 아이도 있었다)의 정신 상태를 보
면 심한 불안정이 내재해 있다는 것을 밝혀냈다.

그것은 어머니가 없는데서 오는 정신 불안이었다. 그런
시설에서 생활하는 아이들은 끊임없이 낯선 사람의 보살핌
을 받는다. 보모는 8시간마다 근무를 교대하며, 때로는 휴
가도 간다. 또 몸이 아프다거나 결혼을 한다거나 등의 이유
로 결근을 하고, 가정 사정 때문에 다른 곳으로 옮겨가는 사
람도 있다.

이래서 2년 동안에 아이들은 5~6명에 달하는 보모의 보
살핌을 받게 되는 것이다. 베이비 홈에 근무하는 사람들은
주로 교습생이기 때문에 더욱더 나가고 들어오는 일이
잦다. 집에 있는 젖먹이라면 서서히 엄마 얼굴을 익히면서
정성을 다한 보살핌을 받게 되는데, 이 아이들은 오히려 사
람의 애정 따위는 믿을 것이 못된다는 것을 경험하게 된다.

충실한 보모에게 보살핌을 받게 되면 몇 주일 동안에 사
랑의 고마움(이것은 인간의 지식에 결정적인 원천이 된다)
을 알게 된다. 그런데 어느 날 뜻밖에도 다른 사람이 와서
자신을 돌보게 된다.

이런 일을 몇 번 거듭하게 되면 사랑에 굶주린 아이들의
마음을 상하게 하여 사람은 믿을 수 없다고 생각하게 된다.

젖먹이도 차츰 자기에게 충실한 사람을 사랑하기 시작
한다. 그런데 갑자기 돌보는 사람이 바뀌어져 낯선 사람이
나타나고, 또 그 사람에게 가까스로 정이 들 무렵 또 바뀌어
진다. 젖먹이는 자기 애정을 쏟을 상대가 없게 된다. 게다가
이런 아이들, 즉 고아나 부상당한 아이들은 어디를 가더라

도 사람이 바뀌는 제도에 부딪치게 된다. 이런 환경에서 자란 아이들이 성장하여 매정하고 무뚝뚝한 사람이 되는 것은 오히려 당연한 일이다.

정신위생학 전문 학자들은 이런 사실을 확인하고 다음과 같은 결론을 내렸다.

"살균 소독이 잘된 흡음기(吸飮器)보다 소독이 안 된 어머니 젖이 낫다."

좋은 위생 시설보다 어머니 곁에 두는 것이 좋다고 결론지은 것이다.

1952년 8월, 브뤼셀에서 같은 학회가 열렸다. 이때 어머니가 집을 나와 바깥일을 하는 것에 대해 시비가 엇갈렸는데, 결론은 어머니가 집을 비우게 되면 아이들의 감정 생활을 망친다는 것을 알게 됐다(학문은 언제나 직감적이며, 오래전부터 짐작하고 있던 것을 뒤늦게 발견하는 것이다).

이 세상에 태어나 몇 개월 동안에 젖먹이의 감정을 움직이는 다른 사건이 없다 하더라도 중요한 사건, 즉 말하자면 감정적 기억(感情的記憶)이라는 것은 인정된다. 그 근본은 젖먹이의 신체적 건강 상태로 정해지는데, 또 기억(특히 젖먹이 주변에 있는 사람들)과의 조화 혹은 충돌에 의해 결정되는 것이다.

젖먹이의 감정 상태 여하(강한가, 약한가)는 건강과 발육에도 크게 영향을 미친다. 유아도 환경 여하에 따라 생존 의욕이 강해지기도 하고, 약해지기도 하는 것이다.

아이는 귓전에 들리는 말의 뜻은 몰라도 머지않아 사람의 말소리를 듣고 엄마나 아빠의 소리를 분별한다. 또한 귀여워하는지, 꾸짖는지, 다정한지, 매정한지를 분별한다. 거의

본능적으로 그런 것을 알아차리고 평생토록 기억하게 되는
것이다.

2. 애정 위기의 여러 가지 원인

1) 젖을 떼는 일

젖을 떼는 일도 감정을 움직이는 하나의 사건이다. 너무
서둘러 냉혹하게 대하면 유전적 신경질 체질을 가진 젖먹이
는 욕구 불만이나 불안한 인상을 받게 되어 정신적·감정적
인 균형을 잃는 수도 있다.

언제나 계획적으로 젖을 뗄 수 있다고 장담할 수는 없다.
어머니가 병들어 열이 나게 되면 젖주는 방법을 바꾸어야
하며, 액체 영양에서 고체 영양으로 옮기는 과도기를 알맞
게 조정하는 것이 가장 중요한 일이다.

감수성이 예민하고 까다로운 아이는 좀처럼 변화에 적응
하지 못한다. 갑자기 영양을 섭취하는 방법이 바뀌면 먹으
려 하지 않는다.

이 반항은 심리적으로 이해할 수 있는 일이다. 그 아이는
젖에 맛이 들었고, 그동안 누군가가 옆에서 시중을 들어줌
으로써 이 두 사람 사이는 서로 마음속으로 통하는 바가 있
었다.

그런데 상대편이 갑자기 이 약속을 저버리고, 오렌지 주
스라면 또 몰라도, 감자 수프 따위를 입에 밀어넣게 되면 아
이는 상대편에게 배신당한 기분을 받게 된다. 3, 4세쯤 된
아이도 먹어 보지도 않고 덮어놓고 싫어하게 된다. 달래고
어르면서 새로운 음식을 먹이려면 큰 소동을 벌여야 한다.

2) 질 병

질병도 조금 심각해지면 충격을 준다. 병이 나면 체력에 영향을 미칠 뿐만 아니라 삶의 의욕, 명랑한 기분을 상하게 한다. 쓴 약을 먹게 되든지 거북한 간호를 받게 되면, 때로는 어머니마저 멀리하려 한다. 감수성이 예민한 아이는 어른이 되어서도 원망과 시기심을 갖게 된다. 줄곧 병약한 아이는 결국 밝은 인생관을 갖지 못한다.

질병은 다른 분야에서도 위험한 것이다. 병으로 앓은 동안이나 앓고 난 뒤라도 부모는 그 아이의 어리광을 전부 받아주어 너무 지나치게 보살피게 된다. 그래서 아이의 이기심과 제멋대로 하는 습성이 점점 심해진다.

이런 아이는 앓고 있을 때의 어리광을 또다시 부리려하며, 부모를 언제든지 제 맘대로 할 수 있다고 생각하게 된다. 이래서는 가정 교육을 시키는데 더한층 고심하게 될 것이다.

3) 동생의 출생

동생이 태어나는 것도 형과 누이를 동요시키는 사건이다. 이 아이가 어리면 어릴수록—가령 일곱 살 이하는 여러 가지 문제를 일으키기 쉽다—그 충격은 커진다.

동생이 태어나기 전까지의 아이는 집안 풍습에도 익숙하고 부모하고도 잘 사귀었다. 그런데 어떤 아이가 새로 들어와 자기와 부모 사이에 끼여들어 이미 얻어 놓은 권리를 침범해 질서를 어지럽게 만들어 놓는다.

새로 태어난 동생에게 엄마를 빼앗기게 되면 형이나 누이는 심한 질투를 느낀다. 특히 엄마는 아이에게만 골몰해서

―처음엔 딸이고 두 번째가 아들이면 특히 아들을 귀여워하는 경향이 많다―큰애에게 관심을 덜 쏟게 된다. 큰애가 엄마에게 안기려하면 귀찮은 듯 밀쳐내고, 말썽이라도 피우면 꾸짖기 일쑤이다. 이러면 큰애의 질투는 더욱더 타오르게 된다. 아이는 갖가지로 이 원한을 풀려고 하므로 어머니는 조심해야 한다.

5세의 여아(명희라고 하자)가 남동생이 태어난 것을 알게 된다. 할머니 손에 이끌려 엄마가 아이를 낳은 병원을 찾아 간다. 모두들 명희가 아이를 환영하고 웃는 얼굴로 맞이할 줄로 기대하고 있었다. 그런데 명희는 엄마의 입원실에 들어서자마자 아이는 쳐다보지도 않고 엄마가 자고 있는 이불 속으로 파고들어 간다. 엄마는 내 것이라는 의사를 표시한 것이다.

형제 자매간에는 때때로 샘을 부린다. 엄마와 둘만 있을 때는 얌전한데 여럿이 함께 있으면 감당할 수 없게 된다. 물건을 서로 뺏는 것이 아니고, 이 싸움 속에는 엄마를 독차지 하려는 경쟁심이 흐르고 있는 것이다.

이 시기심은 장난하면서 놀 때도 나타난다(장난하고 노는 것이 아이들의 생활에 얼마나 중요한 것인가는 뒤에서 언급한다). 경쟁 상대가 엄마 곁에 없을 때는 놀이에 더 열중하게 된다.

엄마의 애정을 동생들에게 빼앗긴 기분은 여러 가지 모습으로 나타난다. 3, 4세의 아이가 잠투정을 한다든지, 식욕이 없어 한다든지 하는 것도 이런 것이 원인이 되어 있는 경우가 많다.

이것을 심리적으로 설명해 보자. 물론 이것은 어른들처럼 잘 생각한 후의 행동이 아니고, 본인도 모르는 사이에 움직이고 있는 직감적·본능적인 추리이다.

"엄마는 갓난 아이만 귀여워하고 나에게는 관심도 없다. 나만 사랑해 주었던 시절이 그립다. 안아주기도 하고 입맞춤도 해주었는데, 그때는 퍽 좋았었다. 만일 내가 갓난 아이라면 더욱더 귀여워했을 것인데……."

이렇게 생각하다보니 자기도 모르는 사이에 식욕도 없어지고, 소화도 안 되고, 잠투정을 하게 된다. 엄마는 이상하게 생각하고 불안한 나머지 어떻게 해서든지 먹이려고 한다. 달래고 어르면서. 또 아이가 잠잘 때 오줌이라도 싸게 되면 온 집안 식구가 이 얘기로 한동안 법석이며 놀려댄다.

"아무개는 잠자다가 오줌을 쌌다!"

식욕이나 잠투정을 부리는 것은 하나의 큰 사건이다. 그 아이는 온 집안 식구, 특히 엄마가 주목하는 대상이 되고 싶어한다. 그래서 아이는 술책으로써 밥을 먹지 않거나 잠투정 등을 부리게 되는데, 엄마는 감쪽같이 속아 넘어간다.

이렇게 비뚤어지는 것도 엄마의 애정을 되찾고 싶기 때문이다. 아이의 비뚤어진 감정을 고치려면 잠시 아이를 다른 곳에 떼어놓거나 갓난 아이에 대한 눈에 보이는 애정 표현을 숨겨야 한다.

아이가 남의 집이나 어린이 놀이방 등에 가면 변화된 환경에 마음을 쓰게 되고, 또 다른 아이를 본받아 곧 밥도 잘 먹고 잠버릇도 좋아진다.

비뚤어진 태도가 언제부터 시작하였는지를 알게 되면 아이의 심리적 장애를 이해하게 된다. 대개 동생의 생일날이라든지 엄마가 갓난 아이를 칭찬한 날에서 비롯된다. 그날

밤부터 밥을 먹는 자리에서 잘 토라지고 잠버릇이 나빠진다.

아이들은 하찮은 일로 마음의 상처를 받고 틀어지기 때문에 어른들은 그 동기를 알아차릴 수 없다. 아이들이 감수성이 예민하고, 또 거기에 신경을 쓰지 않으면 안 된다는 것이 이러한 사실을 보아도 알 수 있다. 대수롭지 않은 현상이라도 욕구불만의 징조라고 생각하고, 그 참다운 원인까지도 살펴서 고쳐 주도록 하는 것이 바람직하다.

아이가 엄마의 애정을 독차지하지 못하더라도 시기심을 일으키지 않도록 하는 방법은 없을까?

방법은 있다. 그것은 아이가 아직 혼자였을 때 어리광을 다 받아주어서는 안 된다는 것이다. 아이의 어리광을 없애는 방법은 좀더 치밀하고 계획적이어야 한다. 먼저 아이의 자존심을 살려 주는 것이 중요한데, 혼자서 하는 일에 대하여 칭찬을 아끼지 않으면서 이미 자립할 수 있는 큰아이로 대우해야 한다.

"이제 얼마 있으면 너에게도 예쁘고 귀여운 동생이 생긴단다. 어때, 좋지? 그런데 네 동생은 너무 작아서 여러 사람이 도와주지 않으면 안 된단다. 너는 많이 컸으니까 혼자서도 잘할 수 있겠지? 그리고 엄마는 네가 엄마를 도와 아이도 잘 보살펴 주었으면 좋겠어. 그럴 수 있겠니?"

엄마가 아이에게 하는 부탁은 무엇보다 효력이 크다. 아이는 자기가 많이 커서 엄마를 도와줄 수 있다는 사실에 우쭐한 기분을 갖게 되고, 또 실제로 그렇게 하려고 노력하는 것이다.

그리고 갓난 아이가 태어난 후에도 애정을 골고루 베풀어야 한다. 큰애가 보는 앞에서 갓난 아이만 편애하지 말고, 여러 가지 사소한 서비스(약을 발라준다든지 옷을 갈아 입힌다든지 하는 것)를 부탁해 일일이 칭찬을 해주어야 한다.

아이가 있는 곳에 급히 달려갈 때에도 큰애를 밀어제치는 등의 일이 있어서는 안 된다. 자못 한쪽만 편드는 인상을 주기 때문이다. 너는 이미 컸으니까 엄마의 손길이 덜 간다고 자주 말해 주는 것이 좋다.

이런 계략으로 아이의 질투심을 누르고 엄마가 나눠주는 애정에 만족하는 마음을 갖도록 만들어야 한다.

싸울 때는 언제나 작은 아이 편을 들어서도 안 되며, 또 형이나 언니에게 손아래 동생에게 너그러운 마음씨를 갖도록 교육해야 한다.

약한 사람을 동정하게 하는 것이 교육의 첫걸음이다. 그러나 원인을 알아보지도 않고 무조건 동생을 편드는 것은 바람직하지 못하다. 의외로 많은 부모들이 이런 교육적 실수를 저지르는 수가 많다.

형과 동생이라고 하는 단순한 이유를 가지고 잘잘못을 바로잡는 표준으로 삼아서는 안 된다. 어디까지나 올바른 쪽이 이기도록 하여야 한다.

4) 꼴 사나운 아이

지력이나 성격에 결함이 있는 아이도 주의할 필요가 있다. 고집이 세어 반항적인 아이도 있고, 느림보로 우물쭈물하는 아이도 있으며, 또 자기만의 세계에 틀어박힌 아이도 있다. 부모는 아이에게 어떠한 문제가 있더라도 다음과 같은 기분을 갖지 못하도록 해야 한다. 아이들에게 성격이

밝거나 어둡다 해도 모두가 자기는 부모로부터 사랑받고
있다는 느낌을 갖도록 해야 한다. 자기만 미움받고 있다고
생각하게 되면 엉뚱한 비극이 생기는 경우가 많다. 매정한
대우를 받는다고 생각하는 아이는 갖가지 형태의 반사회적
성격을 갖게 되어 언젠가는 심한 분노를 폭발하게 된다.

어머니는 결코 동생을 보게 된 형의 감정이 몹시 심하게
동요된다는 사실을 잊어서는 안 된다. 그 이유는 분명하다.
아이들의 가장 값진 보물은 엄마의 사랑인데, 이런 소중한
것을 동생에게 빼앗겼다는 생각으로 인하여 동요하고, 그것
이 심화되면 비뚤어진 근성을 갖게 되는 것이다.

5) 아버지에 대한 질투

아이의 감정적 시련은 아직 끝나지 않았다. 네 살 전후가
되면 또 깜짝 놀랄만한 일을 발견하게 된다. 즉 엄마는 아빠
를 사랑하고 있다는 것을 알게 되는 것이다. 아빠가 경쟁 상
대라고 생각하게 되면 지금까지와 다른 이상한 감정을 갖
는다.

동생에 대한 질투는 어머니에게 이때까지 쏟았던 애착심
의 순수한 감정이었는데, 아버지에 대한 질투는 이와는 다
르다. 그러나 아빠가 아이를 잘 교육시키면 아빠를 존경하
고 사랑하는 마음을 일으킬 수도 있다.

세상에는 자기 자식을 가까이하지 않는 아빠는 그리 많지
않다. 바쁜 가운데서도 아이를 껴안고, 잠자는 모습을 들
여다보기도 하며, 같이 놀아주기도 한다.

이리하여 아이도 아빠에게 친밀감을 느낀다. 그리고 틀림
없이 아빠를 다른 사람과 구별하게 된다. 아이는 작고 무력

하기 때문에 누군가 곁에서 보호해 줄 사람을 바라는데, 이 윽고 그 사람이 아빠라는 것을 깨닫는다.

아이로서는 아빠를 엄마와 마찬가지로 모든 것을 알고, 모든 것을 해낼 수 있는 것으로 짐작하고 있다. 그러므로 지혜가 싹틀 무렵에는 이것저것 질문하기 시작한다. 아빠를 존경하고 사랑하게 되는 것도 이 무렵이다.

이러는 동안에 아빠가 엄마를 사랑하고 있다는 것을 알게 된다. 지금까지 든든한 보호자였던 아빠가 갑자기 경쟁 상대가 된다. 아이의 가슴에 미묘한 불안감이 생기는데, 이것이 질투심으로 나타난다.

남자 아이는 가끔 "내가 크면 엄마와 결혼할 것이다."라는 말을 한다. 엄마는 아이의 애정 표시로 생각하고 마음속으로 미소짓는다. 한걸음 나가서 "그러면 아빠는 어떻게 하지?"하고 물으면 "아빠는 없다."라든가 "아빠는 죽었다."라고 대답하는 일도 있다.

프로이트는 이것을 '엄마에 대한 애정과 아빠에 대한 적의 표시'라고 정의했다. 그러나 나는 믿지 않는다.

아버지에 대한 아이의 질투심은 적개심이 아니다. 이전처럼 아버지를 존경하고 사랑하고는 있으나, 마음속에 충돌이 일어나 자기 혼자 엄마를 차지하고 싶다는 심정이 되는 것이다.

보통 이런 감정은 서서히 사라지게 된다. 그것은 아이의 흥미가 해가 갈수록 외부 활동으로 눈을 돌리게 되기 때문이다. 그런데 경우에 따라서는 그 질투가 언제까지나 계속되어 부부사이가 벌어지는 수도 있다.

이런 아이의 비뚤어진 감정을 고치는 데는 유희(遊戲)가 가장 필요하다는 것은 두말할 여지도 없다. 유희는 아이의 주의를 다른 곳으로 돌리게 할 뿐만 아니라 직접적인 영향을 주는 것이다. 가령 아버지를 흉내내고, 아버지의 직업을 흉내냄으로써 마음속의 갈등을 없애 버리는 수도 있다.

아버지로 변신한다는 것은 흉내내는 장난에 불과하지만, 어쨌든 실감이 따르기 때문에 마음속의 충동을 어느 정도 부드럽게 해준다. 이때를 이용해 아버지도 아들의 마음을 헤아려 친절하게 대해 주고, 어머니도 애정을 보여 주면 질투심도 서서히 사라지고 마음의 갈등도 없어지게 될 것이다.

여자 아이의 경우는 형편이 약간 틀리기 때문에 이와는 사정이 좀 다르다. 여자 아이의 가장 값진 보물 역시 항상 변치 않는 애정을 보여 주는 어머니이다. 그러나 아버지 또한 딸을 각별히 사랑해 주기 때문에 여자 아이의 시기심은 이로 인해 어느 정도 누구러진다.

여자 아이도 남자 아이와 똑같은 동기로 아버지를 사랑하고, 여기에 양성간의 끌리는 힘이 더 보태진다.

이 인력(引力)은 가정 내에서 본래의 한 쌍(부부) 이외에도 제2의 한 쌍(어머니와 아들, 아버지와 딸)을 이룬다. 일반적으로 양성간에는 성격상 감정상으로 보충할 필요가 있기 때문에 서로 끌고 끌린다.

여자 아이는 엄마가 아빠를 사랑해도 그리 심한 충격을 받지 않는다. 이와 반대로 아버지가 어머니를 사랑하는 데는 제법 반발한다. 아버지의 사랑을 독차지하려는 이유에서이다. 여자 아이의 엄마에 대한 질투는 남자 아이보다는 강하지 않으며, 또 그만큼 없어지기도 쉽다.

아버지와 딸 또는 어머니와 아들간에 끌리는 힘 보다 아이들에 대한 부모의 평상시 태도가 훨씬 중요한 역할을 한다.

귀여운 아이는 사랑하고 얄미운 아이는 싫어하는 것이 인지상정이다. 부모도 인간인만큼 좋아하는 자식과 싫어하는 자식이 있을 수 있다. 그런데 부모 가운데 어느 한편이 아이들을 싫어하게 되면 반드시 아이들의 성격에 나쁜 영향을 미친다.

6) 학교 환경

또 한 가지 마음의 동요가 아이들을 기다리고 있다. 그것은 초등학교 입학 문제다. 아이들은 가정의 따뜻한 보금자리를 뛰쳐나와 집단 생활로 들어간다. 각 개인의 인격이 직접 부딪치는 환경에서 자신의 이름이 불려진다.

집안에서는 항상 개인으로서 상대하나 학교에서는 몇 학년 몇 반 학생이라고 불려진다. 명령이나 금지 사항에 따라야 하며, 종이 울리면 모두가 같이 행동해야 한다. 즉 가정에서 혼자 생활하던 습관에서 벗어나 학교의 사회화된 집단 생활에 들어가는 것이다.

예전에 초등학교에 입학할 때의 위기는 지금보다 더 컸으며 어색한 기분도 한층 더 했다. 지금은 학교 부지나 설비도 훨씬 좋아졌으며, 가르치는 방법도 훌륭하다. 교수법도 무척 개성화되었다.

유치원은 유희 방법에 있어서 가정의 분위기를 받아들이고 지식 교육면에 있어서도 가정 이상으로 개성화되어 있다. 그러므로 집을 떠나 학교에 들어올 때 생기는 위기는 어느 정도 약해진 것이다.

그러나 조금 약해졌을 뿐 완전히 없어진 것은 아니다. 아직도 입학 때 제법 강한 반응을 보이는 아이도 있다. 엄마의 위로와 보호가 설사 잠깐 동안이라도 없어진다는 것이 큰 영향을 미치게 된다. 특히 아이에게 어떤 결함이 있을 경우는 더욱 그렇다. 즉 장애자들은 그것으로 말미암아 친구들로부터 놀림을 받을 걱정이 앞선다. 놀리는 아이는 악의가 없다 해도 놀림을 받는 아이는 겁을 먹고, 실망하게 되어 반항심이나 복수심을 가슴에 키우기도 한다. 또 학교 수업이 재미있는지 없는지, 어렵다든지 쉽다든지, 성적의 우열 등에 따라 가지각색의 반응을 나타낸다. 입학하는 것이 아이들의 성격에 미치는 다른 여러 가지 영향에 대해서는 뒤에 언급한다.

감정면에서는 취학 후에 앞에서 말한 집에서의 질투심이 부드러워지는 수도 있다. 아이들의 흥미 범위가 확대되었기 때문이다.

학교 생활은 또한 애정의 사회화를 이루게 한다. 가정이라는 세상말고도 학교라는 다른 세계가 있다는 것을 알게 된다. 세상은 지금까지 생각한 것보다는 훨씬 크다는 것을 깨닫게 되면서 차츰 우정도 키우게 된다. 이것은 소년기의 우정이나 청년기의 연애라고 까지는 말할 수 없으나, 어쨌든 공동 생활에 대한 첫걸음인 것만은 틀림없다.

입학하고 나서 조금 있으면 학교 생활의 영향과 감정 생활이 성숙해진 탓으로 친구들과 잘 어울린다. 지금까지처럼 집단 속의 외톨이가 아니고 함께 노는 친구로서 어울리게 된다. 물론 아직 집단적인 놀이가 잘 될 리가 없으나 규칙을 충분히 알 때까지는 친구들한테 이길 욕심으로 약삭빠른 짓도 한다.

그러나 점차 순응하기 시작하여 특수한 경우만 빼놓고 자기처럼 모두가 규칙을 지키도록 요구마저 하게 된다. 아이들끼리의 싸움은 가끔 친구 하나가 약삭빠른 짓을 하는데서 비롯된다.

감정 생활이 사회화됨에 따라 어느 사이에 상급생이 된다. 이 무렵에는 동아리를 형성하여 친한 사이를 만들려고 하는 경향이 강하다. 이리하여 놀고 싶은 욕심 때문에 사회 본능이 발달되어 차츰 많은 경험을 쌓으면서 넓은 세상과 접촉해 나간다.

6세부터 12세 사이는 특수한 경우, 즉 몸이 아프다든지, 부모와 불화 상태라든지, 성적이 좋지 않아 부모로부터 꾸지람을 받는다든지, 또는 세상의 나쁜 본보기를 제외하고는 그리 대단한 감정의 위기는 없다. 말하자면 행복한 시절이며, 생활 그 자체가 하나의 큰 유희처럼 보인다.

사회 생활에 차차 흥미를 갖기 시작하는 탓인지 이 나이 때 아이는 가정 생활에 얼마쯤 냉담하게 된다. 특히 남자 아이는 가족과 애정을 표시하는 것을 귀찮게 생각하는 일도 있다. 사랑받고 있다는 감정만으로 만족하고 애정을 나타내주지 않아도 상관하지 않게 된다.

여기에 이어 사춘기에 접어들면 애정의 큰 파도에 휩싸인다.

독립을 바라면서

아이는 성장함에 따라 남에게 굴복하거나 의존하려 하지 않는다. 이러한 발달 과정은 안팎의 장애에 부딪치게 된다. 안으로는 열등감과 안정 욕구가 있으며, 밖으로는 부모님이 좀처럼 양보하지 않는다는 혼란이 있다.

인간의 성장은 하나의 긴 분리 과정이다. 즉 아이가 서서히 부모와 가정으로부터 해방되어가는 긴 노정이라고 말할 수 있다.

어머니는 우선 아이를 낳음으로써 일이 시작된다. 아이가 태어난다는 것은 엄마와 아이의 공동 생활이 끝난 것을 의미하며 태어난 아이는 자기 힘—물론 어머니의 보살핌을 절대 필요로 하지만—으로 살아간다. 젖을 떼는 것은 젖먹이가 독립하는 제2단계이며, 아장아장 걸어다니는 것은 제3단계이다.

학교에 들어가는 것은 가정의 좁은 생활에서 뛰쳐나오는

것인데, 아직도 가정은 생활과 매력의 중심으로 되어 있다.

이어서 집단적 유희 따위에 끌려서 집을 떠나려 하는 시기가 닥친다.

사춘기 무렵에는 정신적으로 완전한 독립을 바라게 된다. 산과 바다로 나가서 넓고 큰 기상을 기르고, 사회 생활에 흥미를 가지며, 이성에게 마음이 끌리는 일 등이 일어난다.

청년이 되면 자기의 일을 갖고, 새로운 가정을 갖고 싶게 되므로 더욱더 집에서 뛰쳐나오려 한다. 결국 새 가정을 갖게 되면 완전히 떨어지게 된다.

이런 진화를 부정해서는 안 된다. 어머니는 아이의 자유 욕구를 거북하게 생각한다. 늙은이가 아닌 이상 여성은 아이를 열심히 돌보려 한다. 어린 아이가 자기 하나만을 의지하고 있다고 생각해야 사는 보람을 느낀다.

아이가 아장아장 걸어가는 것을 즐거운 듯이 지켜보고 있는 어머니의 모습에는 누구나 감동하게 된다. 특히 3세부터 6세 사이의 아이가 한창 예쁠 때이다. 언제까지나 그대로 있었으면 좋겠다고 말하는 어머니도 많다.

이것은 허무한 희망이다. 자연의 섭리에 따라 아이는 무럭무럭 자란다. 초등학교에 들어가면 어머니하고의 거리가 갑자기 크게 벌어진다. 오직 어머니 한 사람만이 아이의 발달을 촉진시키던 것이 드디어 무너지기 시작한 것이다. 걷기 시작해서 몸이 멀어져 가고, 학교에 입학함으로 해서 마음도 멀어진다. 사춘기에 접어들면서 주의도 다른 곳으로 쏠리게 되고, 결혼을 하게 되면 인간 전체가 어머니 곁에서 떨어져 나간다.

참으로 어머니와는 길고도 느리고, 또 확실한 이별을 뜻하는 것이다. 부모 자식간의 인연은 끊어지지 않으나 아이와의 거리는 더욱더 멀어진다.

모성애에 끌려 어머니가 어떻게 해서든지 아이가 뛰쳐나가려는 것을 묶어 놓으려 하는 것도 당연한 일이다.

자녀를 많이 가진 어머니는 마지막 사랑의 대상인 막내를 빼놓고는 점점 너그럽게 된다. 반면에 외아들을 가진 어머니는 자식을 놓지 않으려 하며, 할 수 없다고 단념하려면 더욱 힘이 들기 마련이다.

물론 아이는 싱싱한 생활력을 갖고 있기 때문에 자기의 의견을 주장하고 자기의 생활을 하려고 한다. 성장하여 세상살이에 자신감을 갖게 될수록 점점 더 독립을 추구하게 된다. 처음에는 이 독립심도 열등감이나 안정욕구 때문에 억제되어 있는데, 6, 7세가 되어도 아직 외톨이가 되는 것을 두려워하는 편이다. 그러므로 이 무렵의 장난질을 혼내주는 가장 좋은 방법은 잠시나마 홀로 떼어놓는 것이다. 가령 어두운 방에 가두어 놓거나 어린이 집에 맡겨 육체적·정신적으로 고독을 맛보게 하는 것이다. 그렇지만 꼭 그렇게 하도록 권하는 것은 아니다.

3, 4세의 아이들은 낯선 사람을 만나게 되면 곧바로 부모 손에 매달린다. 아무리 장난꾸러기라도 모르는 사람 앞에서는 얌전하며, 말이 없게 된다. 그러나 불안감이 해소되면 곧 잘 떠들기 시작한다.

1) 최초의 시도

태어난 지 몇 개월 되지 않는 갓난 아이라도 자기의 주장을 고집하며, 바라는 것을 손에 쥐지 않고서는 가만히 있지 않는다. 어른이 이것이며 될 거라고 생각하는 것을 주어도 싫다면서 떼를 쓴다. 이것은 아직 독립을 추구한다는 정도는 아니지만, 그 징조라고 볼 수 있다.

이미 몇 개월이 지나게 되면 더 고집을 부리게 되어 욕심나는 것을 손가락으로 가리키며 저것저것 하면서 조른다. 게다가 무슨 뜻인지도 모르는 소리(옹알이)로 의사를 표시하게 된다.

최초의 효과적인 독립의 무기는 걸어다니는 능력인데, 젖먹이는 아직 걷지 못한다. 걷기 시작하면 똑바로 한쪽으로만 걸어가려 한다.

유아는 확실한 독립을 바라지 않는다. 본능적으로 바깥세상을 알고 싶고, 거기에서 발견이나 경험을 쌓아올리려고 한다.

그러나 엄마가 못하게 하는 것이나 겁을 주는 것 따위는 아랑곳하지 않고 냅다 달리게 된다. 자기 공상을 만족시키고 어머니에게 자기의 능력을 자랑스럽게 내보이기 위한 것인데, 이것은 어린 새가 처음으로 날개를 치는 것과 같다.

2) 두 살 반쯤의 해방의 위기

잘 걷기 시작하면 독립심도 예민하게 싹터 오른다. 그런데, 두 살 반에서 세 살쯤 되면 고집이 세져서 말하는 것도 잘 듣지 않는 경향이 눈에 띄게 된다.

이 위기를 심리적으로 해석해 보면 두 살 반쯤이면 운동 능력으로 걷고, 달리고, 기어오르고, 뛰어내리기도 한다. 싱싱한 기운이 넘쳐흘러 바깥 세상을 알고 싶어 견딜 수 없다. 큰 소리로 외치기도 하고, 장난감을 가지고 놀면서 즐거워한다.

무엇이든지 발 가는 대로, 손 닿는 대로 하고 싶어서 참을 수 없게 된다. 이러한 경험을 장난하는 짓이라고 생각하고 못하게 말리는 어른은—아이의 입장에서 보면—포악한 사람처럼 보인다.

어머니는 곁에서 늘 "저런, 위험하다! 앗, 넘어진다! 이크, 불에 덴다! 혼자 밖에 나가면 안 된다."라고 하면서 무엇이든지 못하게 한다.

2, 3세의 나이 때는 형제들끼리 잘 싸운다. 형과 함께 놀고 싶어도 형이 상대해 주지 않는다. 그런데 어떻게 해서라도 형이 하는 것처럼 흉내내려고 한다. 어느덧 형의 장난감을 가지고 놀다가 형이 빼앗으려 하면 싸운다. 결국 힘이 센 형한테 맞고 울음보를 터뜨린다.

자기 것은 꼭 쥐고 남의 손이 닿지 않도록 하면서도 남의 것까지 욕심을 부린다. 그래서 형제끼리 옥신각신하게 되면 어머니가 개입해서 판가름해 주는데, 그 판결을 순순히 받아들이지 않는다.

2, 3세의 아이는 말수도 많아져서 어른들의 얘기를 귀담아 듣는다. 특히 속어나 욕설에 민감하고 그런 말을 잘 배운다. 해서는 안 되는 말을 알게 되면 더 쓰고 싶어한다. 게다가 간식을 조르는 방법까지 배우게 된다.

이런 하찮은 일이 날마다 되풀이된다. 그러니까 엄마는 항상 주의를 기울이고 쓸 말과 써서는 안 될 말을 골라내야 한다.

이 시기는 엄마의 권위가 소홀하게 되는 위험한 고비이기도 하다. 어지간해서는 위력으로 누르기가 힘이 든다. 그러므로 끼여드는 것도 최소 한도에서 멈추는 것이 좋을 것이다. 어머니와 아이, 그리고 아이들끼리의 싸움에서는 아이의 책임 범위를 미리 말해 주고 간섭하지 않는 것이 바람직하다.

"너희들끼리 처리해라."

아버지의 권위는 간혹 엄격하게 이루어질수록 높아지는 것이다.

아이의 버릇없는 짓은 아버지가 며칠만 집에 없게 되면 점점 심해진다. 그러나 아버지가 곧 돌아온다고 알리면 얌전해진다. 겁을 준 것이 효과를 본 셈이다.

어린이는 호기심이 왕성하여 무엇이든지 알고 경험하고 싶어한다. 반면에 어머니는 아이가 얌전하며 순종하기를 원한다. 이렇듯 어머니와 아이의 생각은 딴판이다. 때문에 빈번히 갈등하게 된다.

불행하게도 2, 3세의 아이는 순종의 본보기가 안 되며, 이 나이 무렵의 아이를 가진 어머니도 인내심이 강한 천사는 아니다. 아이는 위험을 무시하며, 어머니는 계속 걱정만 한다. 아이의 만족할 줄 모르는 호기심과 어머니의 쓸데없는 걱정은 언제까지나 갈등이 따르기 마련이다.

3) 4, 5세부터 지혜를 배우기 시작한다

그러나 사태는 점차 좋아진다. 때문에 어머니는 안심해도 좋다. 몇 개월이 지나면 순종하지 않는 위기는 누그러진다. 아이는 아직도 고분고분하지는 않으나 어느 정도는 유순해진다.

몸에서 오는 까닭일까. 버릇없는 짓을 하다가 받는 감각적 타격(벌)과 감정적 피해(어머니의 불만)를 경험한 나머지 자제력도 차츰 지니게 된다.

4, 5세가 되면 어릴 때 보지 못했던 지혜를 더욱 익히는 것이 눈에 띄게 된다. 지적 호기심이 왕성해져 더욱 어머니에게 가까이 와서 '왜? 어째서?' 하면서 대답을 구한다.

이 나이 때의 흥미는 몹시 활발하다. 쉴새없이 엄마에게 질문을 퍼붓게 되는데, 엄마의 태도 여하에 따라서 사이가 좋아지거나 나빠진다.

이 나이 무렵이면 또한 그림책을 즐겨 본다. 그림책은 아이가 지혜를 익히는 보물 창고와 같다.

그림책에 몰두하게 되면 떼를 쓸 시간도 없다. 한 페이지를 똑바로 보는 것이 아니고 여기저기 페이지를 넘기기만 한다.

어른들은 그렇게 보아서는 아무런 지혜도 얻을 수 없을 것이라고 생각하기 쉽다. 그러나 아이들의 기억력은 매우 신선해서 보고 듣는 것을 잘 기억한다.

이 나이 무렵은 또 다른 사람을 모방할 때이다. 어른 흉내를 내고 기뻐한다. 여자 아이는 부엌이나 방을 치우기도 하고, 밥그릇을 정돈하기도 하며, 하루에도 수없이 인형의 옷을 갈아입힌다. 남자 아이는 삽으로 흙을 파고, 장난감 권총을 휘두르기도 한다.

4) 6, 7세의 새로운 위기

좋은 시절은 이미 다 지나갔다. 6, 7세가 되면 다시금 독립 시대가 시작된다. 이때는 굴레에 얽매이기를 싫어한다. 그 원인은 아이 스스로 자신의 몸집이 커졌다는 것을 깨달

게 되고, 초등학교에 입학한 뒤 부모가 효과적으로 교육시
키지 못한 데 있다.

그래도 유치원은 가정의 연장이라는 분위기가 감돌고 있
지만, 초등학교에 들어가게 되면 상황은 사뭇 다르다. 앞에
서 말한 것처럼 감정의 동요를 가져올 뿐만 아니라 지적·
도덕적으로도 큰 사건이 생긴다. 5세까지만 해도 집과 동네
를 제외한 다른 넓은 세상을 몰랐고, 집에는 두 거인, 즉 아
빠와 엄마가 우뚝 솟아 있었다.

어린 아이에게 있어서 부모는 모든 위안과 안심의 원천일
뿐만 아니라 전지 전능의 거점이다. 지식으로 보아도 문맹
자와 대학자 정도의 차이가 있다. 부모 앞에서 아이는 정말
무력하다. 꽉 움켜쥐고 어디든지 데리고 갈 수 있고, 무엇이
든 요구대로 해주며, 힘든 일도 척척 해낸다. 그래서 아이는
점점 더 그 위력에 놀라게 된다. 게다가 4, 5세 때 가장 가
까운 사람은 거의가 부모뿐이다.

이런 상황은 입학과 동시에 아주 달라진다. 선생님이라는
사람은 자기를 가르치려고 애를 쓰는데, 그 방법이나 자세
가 부모와는 다르다. 부모가 가르쳐 주지 않는 것도 선생님
은 가르쳐 준다. 질문을 해도 부모처럼 귀찮게 여기지 않고
잘 대답해 준다.

맏아이에 대해서는 어머니도 되도록 참으면서 질문을 받
아주는데, 둘째 아이부터는 귀찮게 여긴다. 어떻게 하든지
적당히 둘러대어 '왜, 어째서'를 그만 두게끔 하려고 한다.
이것이 뜻대로 안 되면 "얼마 안가서 알게 된다." "너는 몰
라도 된다." 등의 말로써 매정하게 뿌리친다.

학교 선생님은 이보다 다루는 솜씨가 훌륭하다. 아이들의

지능 및 구체적인 것을 파악하는 방법과 아이에게 알맞게 가르치는 요령을 알고 있다. 선생님이라고 모두가 잘할 수는 없지만, 아이를 다루는데 주의만 하게 되면 아이가 바라는 지식을 가르칠 수 있다.

아이는 지식을 지식으로써 알고자 하는 것이 아니다. 단지 어른 흉내를 내며, 또한 좋아하는 그림책을 읽기 위한 수단으로 하고자 한다.

아이는 선생님이 지식면에서 부모보다 훨씬 낮다고 생각하게 된다. 선생님의 가르침과 부모의 의견이 다른 경우도 있다. 이런 경우 아이는 "하지만 선생님이 이렇게 말씀하셨는데요." 하고 우겨댄다.

선생님의 말은 절대적이다. 때로는 선생님의 지시라고 하면서 부모한테 무엇을 조르기도 한다.

이리하여 아이들의 세계는 넓어진다. 시야도 넓어져 부모만이 훌륭한 사람은 아니라는 것을 깨닫는다. 그때까지는 다른 사람과 비교할 수 없었기 때문에 최고였던 부모의 권위도 어느 정도는 떨어지게 된다.

애정 방면에서는 가장 중요한 위치에 있으나 지적 분야에 있어서는 이미 최고 권위자는 아니다. 부모도 이 권위를 떨어뜨리는데 한 구실을 했던 것은 분명하다.

아이가 학교에 들어갈 정도의 부부는 10년에 육박하는 결혼 생활을 했다. 그래서 두 사람은 신혼 때처럼 정답게만 지낼 수 없게 된다. 때로는 싸우기도 하고 때로는 잔소리도 한다.

이러한 부부간의 말다툼을 아이는 귀기울이고 듣는데, 그런 것이 쌓여 부모의 권위를 떨어뜨린다.

이것뿐만이 아니다. 5세쯤 되면 아이는 어른이 스스로 지키지 않는 것까지 충고하는 것을 알아차리게 된다. 아빠와 엄마는 항상 "거짓말을 해서는 안 된다."고 말한다.

그런데 그런 말을 했던 부모 자신들이 항상 진실만을 말하는 것은 아니다. 집에 있으면서도 누가 찾아오면 없다고 하라 한다. 엄마의 친구들을 길거리에서 만나게 되면 여섯 살이라고 말하라 시켜놓고 차비를 낼 때는 다섯 살이라고 말하게 한다. 진짜 나이와 돈을 지불하게 될 때의 나이가 틀려지는 것이다.

또 어른은 가끔 약속을 어긴다. "자거라, 자고나면 데리고 가겠다."라고 안심시켜 놓고 아이가 잠을 자면 그냥 나가 버린다. 무엇을 사준다고 해놓고 사주지 않는다.

아이를 달랠 때 겁을 주는 속셈도 드러나게 된다.

"순경 아저씨를 데리고 온다."

"아빠한테 일러 준다."

이러한 말이 통했던 시절도 있었지만, 조금 크면 이런 수법에 넘어가지 않는다. 산타클로스 할아버지가 있다는 것도 거짓말이라는 것을 알게 된다. 어른들이 이렇게 거짓투성이기 때문에 어른은 믿을 수 없다고 생각한다.

부모는 아이의 순박한 면을 이용하여 곧잘 아이를 놀린다. 가령 놀리려고 있지도 않은 얘기를 들려준다. 아이는 그것을 믿고 친구에게 전했다가 웃음거리가 된다. 창피해서 이제 어른들의 말은 진지하게 받아들이지 않는다.

특히 아이는 농담을 이해하지 못한다. 어느 날, 조금 멀리 떨어진 친척집에 놀러 온 아이들을 그 집 아저씨가 차를 태워 보내기로 했다. 한 번에 전부 차를 탈 수 없었다. 그래서

작은 아이들을 태워 보내고 엄마와 큰아이는 기차를 이용하
기로 했다. 엄마와 함께 가야 한다고 떼를 쓰는 아이에게 아
저씨는 장난삼아 말했다.

"엄마와 네 형은 어쩌면 걸어올지도 모른다."

다행히도 오는 도중 경치를 구경하느라고 울음을 그치고
마구 떠들어 댔다. 그러나 집에 돌아오자마자 곧 이렇게 말
했다.

"엄마를 걷게 해서는 안 돼요. 아저씨, 빨리 엄마를 마중
나가 줘요."

엄마는 기차를 타고 지금 돌아오고 있다고 몇 번이나 말
한 다음에서야 아이는 겨우 납득했다.

이 이야기는 아이가 어머니를 생각하는 마음을 보여 주는
것인데, 또 한 가지 사실을 가르쳐 주고 있다. 즉 아이는 어
른이 하는 말을 곧이곧대로 진지하게 받아들인다는 사실
이다. 그러니까 설사 농담이라 할지라도 어른한테 속았다고
생각되면 크게 실망한다.

6세의 여자 아이가 엄마에게 묻는다.

"엄마 진실하게 말해 줘. 아이는 어디서 나오는 거야?"

이 '진실하게 말해 줘'라는 말은 아이에게도 비판력이
있다는 것을 잘 보여 준다. 이 여자 아이는 어른에게는 두
가지 진실, 즉 참다운 진실과 거짓 진실을 갖고 있는 것을
알고 있다.

부모는 아이에게 거짓말을 해서는 안 된다는 것을 진지하
게 깨달아야 한다. 거짓 약속과 거짓 협박, 그리고 농담을
해서는 안 된다. 농담은 유머를 이해할 수 있는 아이에게만
웃으면서 말해야 한다.

학교에 들어가면 아이의 세계가 부쩍 넓어진다. 때문에 입학 후 몇 개월이 지나면 집에서 누구한테라도 굴복하지 않으려 한다. 지금까지 말한 아동 심리 진전의 구체적인 결론은 독립심이 왕성해졌다는 것이다.

학교에 입학하는 것은 아이의 성격 발달의 중요한 단계이며, 하나의 새로운 변화를 가져다 주는 것이다. 그러니까 이 무렵에는 독립심이 싹트게 되고, 한편으로 깨닫는 바가 강해지며, 다른 한편으로는 부모의 권위가 쇠약해지기 때문에 필연적으로 그런 일이 일어난다는 것이다.

5) 그리고 서서히 풀려나간다

이 위기는 물러가고 큰 사건, 즉 몸에 병이 든다든지, 부모들의 사이가 나빠진다든지 하는 특별한 일이 없는 한 비교적 평화스러운 시기로 접어든다. 말하자면 정체기(停滯期)가 온 것이다.

이 무렵의 아이는 6세 때까지 얻은 것을 유지하면서 활동 능력이 증가될 뿐인데, 그리 대단한 혼란은 일어나지 않는다. 아이의 태도는 안정되어 부모의 교육 방법의 영향을 그다지 받지 않은 채 일정한 태도를 충실히 지켜 나간다.

자유는 서서히 찾아온다. 9세가 되면 아이들의 야심은 이미 집에서 처리할 수 없기 때문에 자연히 눈을 밖으로 돌리게 마련이다. 가정에서 이루어지던 장난도 저버리고 밖으로 나가 친구들과 어울리게 된다. 이런 점은 남자 아이가 여자 아이보다 현저하다.

9, 10세의 아이는 여럿이 어울리는 것을 좋아한다. 누군가한테 배운 운동 경기 규칙을 좋아하면서 잘 지킨다. 또 친구

들 모두가 이 규칙을 지켜 주기를 바라게 되는데, 이런 것으로 봐서는 순순히 잘 따르는 시기라고 말할 수 있다.

12, 13세가 되면 여자 아이는 서서히 사춘기에 접어들어 마음과 몸에 동요를 일으키는데, 남자 아이는 무리를 지어 돌아다니게 된다. 모험담을 좋아할 뿐만 아니라 실현하고자 한다. 그러므로 이 무렵이 소년단 운동에 가장 알맞은 심리 상태가 된다.

이리하여 아동의 제3기는 끝나고 사춘기에 접어들게 된다. 사춘기에 접어들면 처음으로 남자 아이는 남성의 세계로, 여자 아이는 여성의 세계로 스며들게 된다.

쾌락과 환희를 찾아

우선 '쾌락'과 '환희'라는 낱말의 다른 점을 밝히고자한다. 쾌락은 감각에 관계되며, 환희는 두뇌와 정신에 관계된다. 건강한 아이는 요람 속에서 재잘재잘 옹알이를 하고기분이 좋을 때는 잘 웃는데, 이것은 감각의 쾌락이다. 이와는 달리 엄마의 웃는 얼굴을 바라보며 자기를 귀여워하는것에 대해서 행복감을 맛보는데, 이것은 마음의 환희다.

아이는 태어나자마자 쾌락을 구한다. 바늘에 찔린다든지,가랑이가 짓무른다든지 하면 칭얼거리며 손을 입으로 가져간다. 고통을 싫어하며 쾌적함을 바라기 때문이다.

대체로 아이들은 단것을 좋아하고 맵거나 짠 음식을 싫어한다. 싫은 것은 끝까지 마다하고, 어떻게 해서든지 먹지 않으려 한다. 좋아하는 것이라면 배가 불룩하도록 한없이 먹는다. 그래서 소화가 잘 안 되는데, 이것은 위장이 약해서가아니라 너무 많이 먹기 때문이다.

젖먹이는 무엇이든지 입으로 가져간다. 이것은 무엇을 맛본다기 보다는 그 물건을 알고자 하는 행위이다. 손가락을 빠는 것도 이와 같은 것인데, 손가락이 맛이 있어서가 아니라 비어 있는 위장을 동하게 하여 맛있는 음식을 생각나게끔 하는 것이다.

또 몸을 샅샅이 살피거나 만지는 일도 무엇을 알고 싶은 욕구 때문이다. 이때 국부를 만짐으로써 쾌감을 느끼고 언제까지나 만지려 하는 경향이 있다.

그러나 이것도 성욕을 만족시키기 위한 것은 아니다. 그러므로 아이가 이런 몸짓을 되풀이하더라도 어머니는 그리 신경 쓸 필요는 없다. 이것은 오로지 지금 말한 바와 같은 일반적 쾌락 욕구에서 오는 것이며, 쾌감을 주는 것을 만지는데 불과하다.

엄마가 어쩐지 마음에 걸리는 몸짓에 무서운 얼굴을 한다든지 꾸짖게 되면, 오히려 그 아이의 주의력이 그곳으로 쏠리게 되므로 더 난처하게 된다. 엄지손가락을 빤다든지, 콧구멍을 후빈다든지, 목욕하기 싫어하는 것을 타이르는 것처럼 조용하고 상냥하게 이 버릇을 고쳐 주는 것이 바람직하다. 도덕적으로 나쁜 짓은 아니니까 오히려 그것이 나쁜 짓이라고 생각들지 않도록 하여야 한다.

다만 장래 일을 생각해서 지금은 대수롭지 않은 일이지만 앞으로 나쁜 습관이 될만한 버릇은 고쳐 주는 것이 좋겠다. 아이의 몸을 씻어 줄 때도 되도록 국부에 닿지 않도록 하고, 좋지 않은 버릇이 있으면 서서히 그렇게 못하도록 해야 한다.

젖먹이는 누군가 곁에 있어 주었으면 한다. 요람에서 조용히 있어도 혼자 있는 것이 적적해서 누군가를 제 곁으로 부른다. 특별한 일이 없는 한 아이의 이 요구에 응하는 것이 좋다. 그것은 아이의 사회성을 눈뜨게 하는데 필요하며 유익한 것이다.

어떤 아이는 낯을 가리지 않고 아무한테나 싱글벙글 하는데, 어떤 아이는 몹시 낯을 가려서 모르는 사람을 대하면 무서워하며 울어댄다. 또 여자에게는 잘 따르고 남자를 싫어하는 아이가 있는가 하면, 그 반대의 경우도 있다. 대체로 아이는 신부(神父)를 싫어하는 편인데, 그것은 확실히 검은 옷 때문인 것 같다. 모든 것이 갓난 아이의 그때 기분에 달려 있고, 좋아하는 사람이 곁에 있어 주었으면 하는 것만은 확실한 것이다.

1. 유희의 특별한 중요성

태어난 지 1년 이내의 아이들은 놀이에 그리 전념하지 않는다. 유희는 주의력, 상상력, 구상력을 필요로 하는데, 아이의 신체와 지력이 아직 거기까지는 미치지 못하기 때문이다.

아이의 즐거움은 주로 역학적(力學的)이어서 사방으로 손발을 움직일 따름이다.

18개월이 지나면 색종이에 실을 꿰뚫어서 놀기도 하고, 조금 더 지나면 큰 상자에다 작은 상자를 끼우면서 놀기도 한다. 몇 분 동안 어떤 놀이에 열중하다가 이내 다른 놀이로 바꾸기도 하며, 나무토막을 움직이기도 하고 넘어뜨리면서 즐거워하기도 한다. 아이가 진정으로 유희다운 유희를 하기 시작하면 점점 복잡하게 된다.

아이의 생활에 있어서 유희의 중요성은 아무리 강조해도 모자랄 정도다. 어른은 유희를 단순한 놀이처럼 여기고 기분 전환이 될 뿐이라고 생각하고 있다.

그러나 아이에게 있어서의 유희는 훨씬 그 이상의 의미를 지니고 있다. 어른에게 직업 활동이 소중한 것처럼 아이에게는 유희가 중요한 일이다.

아이는 놀이 가운데서 꿈을 이룩하고, 마음의 마찰을 밖으로 표현한다. 때로는 고민을 해결시켜 주기도 한다. 그러므로 부모는 아이의 유희를 잘 지켜봐야 한다.

젖먹이의 놀이는 완전히 감각적 활동에 불과하다. 그저 보고, 느끼고, 만지고, 소리를 들을 뿐이다. 그 물품 자체나 그 용도 따위에는 관심이 없다. 색깔이 선명하고 번쩍번쩍하며, 게다가 소리를 내서 시각에 청각이 보태지면 아이는 더한층 기뻐한다. 그러므로 젖먹이의 장난감으로는 입으로 빨 수 있는 것이나 흔들면 딸랑딸랑 소리가 나는 것이 좋다.

두 살 무렵에는 물장난과 모래 장난 따위를 좋아한다. 물을 튀기기도 하고, 모래를 쌓아올리다가 부수기도 하며, 물을 섞어서 반죽하면서 오래까지 싫증내지 않고 잘 논다.

세 살이 되면 소유 본능(所有本能)에서 주택놀이 같은 것을 즐긴다. 식탁 밑이나 방 한 구석을 칸막이해서 자기 집을 만들며, 벽을 만든다고 해서 수건을 달라고 한다. 그렇게 만든 장소에서 놀면서 좋아한다.

5세가 되면 건설욕에 불탄다. 그때까지는 2, 3개의 나무토막을 쌓아 놓고 넘어지지 않도록 한다든지, 쓰러뜨려 놓고 즐거워할 뿐이었다. 그러나 5세가 되면 상상력은 더욱 풍부해져서 건설 사업을 할 수 있다고 생각하게 된다.

남자와 여자는 이 점이 약간 다르다. 여자 아이는 인형의 집을 만들고 가구를 정돈하는데, 남자 아이는 빌딩 및 창고 따위와 같은 큰 것을 만든다.

이 일에 몰두하게 되면 근육, 상상력, 주의력, 발명력 등을 연마할 뿐 아니라 마음의 마찰을 해소시키는데 큰 도움이 된다.

아이는 모두가 열등감을 갖고 있다. 자기의 나약함과 무력함을 알게 되면 오히려 이런 기분을 갖는 것은 당연하다.

열등감이 심하면 마음이 몹시 슬프고 괴롭기 때문에 어떠한 모습으로든지 만회하려 한다. 유희야말로 그것의 가장 좋은 수단이다.

아이는 언제나 좋은 배역을 맡으려 한다. 남자 아이는 대장, 슈퍼맨, 마술사, 비행사 등을 바라고, 여자 아이는 엄마, 간호사, 선생님이 되고 싶어한다. 이리하여 마음에 든 배역을 받게 되면 자신감을 지니게 된다.

아이들도 이런 유희가 속임수임을 잘 알고 있다. 그런데도 정말로 그런 사람인 양 행세하려 한다. 이것은 어른이라고 해서 크게 다를 것은 없다. 부자인 것처럼 행동하고 성공한 것처럼 꾸미기만 해도 실망이 어느 정도 누그러진다.

명예, 칭호, 훈장 등은 상당한 효과를 준다. 어떤 철학자는 이런 것을 '헛되고 헛되도다' 하고 문제로 삼지 않았지만 역시 많은 사람들이 이런 유혹에 약하다.

아이는 활발한 상상력과 미숙한 사고력, 현재에 집중되는 주의력 덕분에 그럴듯한 인물이 될 수 있다.

어떠한 인물이든 상관없다. 중요한 것은 아이가 원하는

사람의 처지가 되어 연기할 수 있다는 것이다. 대장이 되어 대군을 지휘하는 것을 상상만하여도 자기 만족의 기분을 맛보게 된다. 회전목마를 탄다든지 아동용 자동차를 움직이고 있는 아이의 얼굴은 제법 뽐내는 표정이다. 인형에게 잔소리를 하고 엄마에 대한 평소의 불만을 모조리 털어놓는 여자 아이는 그만큼 마음도 가라앉고 안정감을 되찾는다. 마치 대장으로부터 꾸중을 들은 대령이 중위를 불러놓고 자기의 분풀이를 하는 기분과 흡사하다.

아이가 그처럼 동물을 좋아하는 것도 동물에 대해 자신의 우월성을 자랑하고 싶어서다. 꼭 이것만이 이유가 될 수는 없으나 하나의 원인임에는 틀림없다. 동물에게 명령한다든지 놀도록 시키면 자기가 훌륭하다고 느끼게 된다. 개와 함께 논다든지, 개에게 여러 가지 재주를 부리도록 시키면서 꾸중들은 아이가 마음을 가라앉히는 일도 자주 일어난다.

유희는 아이의 열등감을 가시게 하는 특효약이며, 마음을 안정시키는데 제법 효험이 있다. 아이가 5세가 되면 모녀간이나 부자간에 일어나기 쉬운 감정상의 충돌을 가라앉히는데도 특효가 있다.

존경과 질투가 뒤섞인 감정의 혼란은 마음을 아프게 한다. 이 아픔을 진정시키는데 두 가지 방법이 있다. 꿈과 유희가 바로 그것이다. 여기서는 해석이 어려운 꿈의 역할에 대해서는 말하지 않는다. 이 점은 굳이 프로이트 학설에 따를 필요가 없다. 꿈은 이와 다르나 어쨌든 그럴듯한 일반적인 의미를 부여하는 정신분석 학자도 있다.

꿈에서 아버지나 어머니 중에서 좋아하는 쪽을 독차지할 수 있다고 생각한다. 그 밖에 유익한 역할을 꿈에 붙이는 학자도 있다. 유희도 이와 흡사한 만족을 아이에게 주는 것이다.

자신이 뒤지고 있다고 느껴도 강자의 배역을 맡아가지고 연기를 하게 되면 고통은 어느 정도 누그러진다. 아이의 생각으로는 아빠가 엄마의 사랑을 자기한테서 빼앗아가는 것처럼 보인다. 그러나 아빠가 강하기 때문에 아빠에게 복종하지 않을 수 없는 것을 분하게 생각한다.

하고 싶은 일이 마음대로 되지 않는 것은 불쾌한 일이다. 이 분통을 발산시키는 배출구가 하나 있다. 그것은 아빠를 흉내내서 아빠처럼 행동하며, 아빠인 체하는 것이다.

소꿉놀이를 할 때도 아이 노릇을 하지 않으려 한다. 누구나 아빠나 엄마 노릇을 하고자 하기 때문에 강아지나 인형에게 아이 노릇을 대신하게 한다.

남자 아이가 "내가 크면 엄마하고 결혼한다."라고 말하는 것은 아빠를 경쟁 상대로 여기는 것을 보여줄 뿐만 아니라 자기가 아빠인 양하고자 하는 하나의 시도인 것이다.

유희에서 대건설을 하고, 큰 모험을 감행해 많은 곤란을 극복한다는 사실은 아이의 정신력을 강화시켜 준다. 여러 가지 사업에 성공할 수 있다고 자부하는 것도 이로운 것이며, 기운을 북돋아주는 것이다.

아이는 무엇인가 한 가지라도 뛰어나게 하기 위해 유희에 열중한다. 공부하는데도 무엇인가 잘하는 과목이 하나라도 있으면 그것만은 열심히 노력한다.

아이에게는 타고난 적극성이 있다. 그런데 부모는 여러 가지 이유로 그 적극성을 발휘하지 못하도록 방해한다. 다시 말하자면 너무 단속해서 아이의 적극성이 위축되는데,

유희는 이런 적극성을 다시 눈뜨게 해준다.

여기서 적극성이라 함은 함부로 싸움질하는 과격한 성격을 의미하는 것이 아니고, 자신의 취미나 힘을 충분히 발휘하고자 하는 욕구를 말한다.

그런데 부모는 무턱대고 아이의 창조적 의견을 억제한다. 조용히 해라, 물건에 손대지 마라, 아빠 서재에는 들어가지 마라, 그런 위험한 짓은 하면 안 된다 따위로 모든 것을 금하기만 한다.

12, 13세가 되면 터질듯한 원기로 이런 금지 명령을 어기는 일도 있지만, 평소에는 꾹 참고 지낸다. 그것을 못하게 하는 것이 당연한 일이라고 이해해서가 아니라 꾸중 듣는 것이 싫어서 삼가하고 있는 것이다.

이렇게 끊임없이 취미나 자유가 억제되기 때문에 어느덧 마음이 산란해져 억압감에 견딜 수 없는 생각을 하게 된다.

이런 기분은 윗사람한테 꾸중 듣고 불평 불만이 있으나 자신이 낮은 자리에 있기 때문에 불만을 해소할 수 없는 어른들도 갖고 있다. 어딘가 화풀이할 곳을 찾아 동료 앞에서 윗사람의 욕을 한다든지, 애꿎은 부하에게 화를 내기도 한다.

내 친구 한 사람은 화가 나면 격분한 마음을 누르기 위해 숲 속으로 나무를 베러 가는 사람도 있다. 한 시간 동안 나무를 자르고 있노라면 마음이 가라앉는다는 것이다. 아이의 이러한 배출구가 바로 유희이다.

2. 마음의 혼란을 타진하는 방법으로써의 유희

아이를 잘 이해하려면, 놀고 있는 것을 유심히 관찰하며 그림을 보고 얘기를 들려주는 것이 좋다. 그렇게 하면 아이가 무엇을 생각하고 무엇을 신경 쓰고 있는가를 대략 알게 된다.

이야기나 그림, 인형놀이 등을 잘 살펴봐도 아이들이 무엇을 문제로 삼고 있는지, 어떤 동기로 저런 난동을 부리는지 알게 된다.

이런 것은 심리학자들이 잘 쓰고 있는 타진법(打診法)인데, 이러한 심리적 테스트에 아이들을 시험하는 것은 너무나 인공적이라고 하는 의견도 있다.

오히려 이런 기술적인 솜씨를 사용하지 말고 평소의 행동을 관찰하는 것이 좋다는 것이다. 나도 이 주장에 찬성한다.

이 방법은 어른이나 아이들의 있는 그대로의 본심을 보여주는 장점이 있다. 그러나 여기서는 관찰하는 사람이 날카로운 통찰력을 가져야 한다. 이 능력을 가진 사람은 그리 흔치 않으므로 텍스트에 의해 테스트 하게 된다. 이 테스트도 어른이 끼여드는 것을 최소 한도로 막고 신중을 기하면 아이의 심층 심리를 어느 정도 알 수 있을 것이다.

아이의 그림에 대한 올바른 해석을 하면 비교적 정확한 아동 심리를 파악할 수 있다. 아이는 자기의 마음 그대로를 그림에 담는다. 소년기에 접어들면 자제력도 생기고 제 속마음도 속일 수 있게 된다.

그러나 아이는 아직 그렇지 못하다. 처음에는 문도 창도 없는 외딴집을 그린다. 그 다음에 집을 에워싼 담장을 그리고, 또 창틀을 끼고 마당에다 한두 사람 그린다. 그 이상의 인물을 그리지 않는다.

만원 전차를 그리는 아이도 있으며, 모험심에 끌려 배나 비행기를 그리는 아이도 있다. 그림 제목은 우연히 선택하는 것이 아니고 그 아이의 욕구에 의해 정해진다. 그러므로 거기에 그 아이의 성격이 나타나는 것이다. 전문적인 관찰자는 그 아이의 심리나 성격에 관해 그곳에서 많은 것을 알게 된다.

3. 그림, 이야기, 영화, 노래

아이들은 그림책을 좋아한다. 그림책은 읽는 책과는 달리 글자를 몰라도 한눈으로 볼 수 있는 장점이 있다. 그러므로 4세쯤 되면 그림책을 보려한다.

그때까지는 다만 그림책을 손에 들고 페이지만 넘길 뿐이다. 그렇다고 아무것도 모르고 있느냐 하면 결코 그런 것은 아니다. 그 무렵의 아이는 감수성이 예민하기 때문에 잠깐만 보아도 정교한 사진기처럼 인물이나 풍경을 잘 잡는다.

조금 지나면 그림을 자세하게 설명해 달라든지 이야기의 줄거리를 알고 싶어한다. 지칠 줄을 모르기 때문에 책 한 권을 다 보게 되면 다른 책을 구해 또 설명해 달라고 조른다. 몇 시간, 며칠 간격을 두고 같은 그림책에 매달린다. 또 책에 있는 대로 빼놓지 말고 설명해 달라고 한다.

책의 마력은 상상력과 지적 능력을 키우고 즐기는데 있다. 아이는 이야기를 듣는 것을 무척 좋아하기 때문에 이야기를 해주면 꼼짝않고 얌전하게 듣는다. 또 나중에 이야기를 해준다고 하면 장난치는 것도 삼가할 정도다.

이야기는 가정 교육을 시키는데 가장 효과적인 방법이어서 훌륭한 교육자는 늘 이것을 이용한다.

책에 흥미를 갖게되려면 소년기에 접어들어 스스로 깨닫고 느끼는 것이 있어야 한다. 너무 일찍부터 가정 교육을 요란스럽게 떠드는 어머니는 교훈집 따위를 읽도록 권하나 아이는 그런 것에 흥미가 없다. 역사상에 있는 사실이나 실제로 있었던 위인들의 전기가 아니면 잘 이해를 못한다. 아이는 이야기 속에서 교훈을 찾아내는 것이다.

그림과 이야기를 함께 묶은 영화는 훌륭한 교육 방법이다. 이것은 아이의 감각에 꼭 맞고, 아이들도 좋아한다.

이런 방법은 모두가 즐기면서 교육시키는 법인데, 아이에게는 타고나면서부터 기쁨을 구하는 욕구가 있기 때문에 효험이 있는 것이다. 그것으로 인해 아이들은 지혜도 얻게 되고 도덕 관념도 기르게 된다.

학교 지식은 시초가 어려운 것이다. 그러나 유희와 같은 즐거움이 있으면 어느 정도 이해가 빠르게 된다.

준식이는 게으름뱅이다. 그 원인은 묻지 않기로 하자. 구구단을 조금도 익히려 하지 않는다. 가령 팔구(8×9)는 얼마냐? 육칠(6×7)은 얼마냐? 하고 묻게 되면 언제나 답을 못 맞춘다. 아버지도 어떻게 할 도리가 없다. 그런데 하루는 이웃집 아주머니가 와서 장난삼아 준식에게 내기를 걸었다.

"네가 답을 맞추면 한 점을 얻고, 틀리게 되면 내가 한 점 얻기로 하자."

준식이는 이 게임에 이길 결심으로 3일 동안 열심히 구구단을 외웠다. 그리고 마침내 완전히 암기하게 되었다. 지금 까지 무미건조한 방법으로는 몇 주일 걸려도 외우지 못했던 구구단을 3일 만에 암기한 비결은 무엇일까? 유희는 아동 심리에 지대한 영향을 준다.

음악을 좋아하지 않는 아이라도 노래는 무척 좋아한다. 그 가락과 각운(脚韻) 연습 따위에 마음이 끌린다. 음악에 대한 소질은 여자 아이가 월등한데, 아이들은 남녀를 불문 하고 바로 노래를 외우게 된다. 그래서 프랑스의 역사를 가 르치는데 있어서 그 내용을 사행시(四行詩)로 짓는 것이 어 떠냐고 말한 교육자도 있었다.

의미는 잘 몰라도 언어와 가사는 바로 암기할 수 있기 때 문에 언젠가는 가사의 뜻도 알게 된다. 이리하여 역사의 대 강을 알려고 하지 않아도 결국은 알게 될 것이라는 주장인 데, 상당한 타당성이 있다.

어쨌든 아이가 노래를 즐겨 부르기도 하며 듣고자 하는 것을 보면, 이런 교육법도 그다지 잘못된 것은 아닌 것 같다.

4. 사회 실습으로써의 유희

유희는 아이의 지능 발달의 1단계를 보여 주며 사회 생활 의 실습 학교도 된다. 아이들은 모두가 동화를 좋아한다. 이 것은 자기의 무력함을 보상하는 뜻을 갖고 있다.

동화 세계에서는 안 되는 것이 없다. 바라는 것은 무엇이 든지 즉시 이루어진다. 가령 단 몇 분 동안이라도 동화 속에 서 산다는 것은 현실 세계에서 아이들이 느끼는 무력감을 가시게 해주는 힘이 된다.

7세가 되면 아이의 흥미 대상은 바뀐다. 현실감, 발명 욕구 등 실현 가능성이 있는 것에 흥미를 느낀다. 이젠 소꿉놀이를 할 때도 상징적인 것으로 만족하지 않는다. 상상력이 왕성할 때는 무엇이든지 상징으로 충분했는데, 이때부터는 장난감일망정 후라이팬과 접시, 식기가 필요하며, 진짜 밀가루나 설탕이 있어야 한다. 남자 아이도 막대기 하나로는 만족하지 못한다. 병정놀이나 칼싸움을 하기 위해서는 실물과 흡사한 총이나 복장 등을 갖고 싶어한다. 즉 현실주의로 전향하는 것이다.

8세가 되면 목수일을 흉내내어 집을 짓기도 하고, 마치 기계 기술자인 양 기계를 만지기도 한다. 그 가운데는 대단히 독창적인 것도 있다. 여자 아이는 인형에게 옷을 입히거나 벗기기도 하면서 논다. 또 인형을 물로 목욕 시키기도 한다. 간호사의 가운과 캡을 갖고 싶어하며, 장난감 상자 속에서 체온계, 주사기, 붕대 따위를 찾아내게 되면 신이 나서 떠들어 댄다.

9세 때는 비행기 놀이에 열중할 무렵이다. 남자 아이의 손놀림은 상당히 능숙해져 그 솜씨를 보여줄 수 있는 절단, 톱질, 가공 따위의 일을 좋아한다. 특히 절단하는 것은 힘을 과시하려는 본능에 따르는 것인데, 이것은 투쟁하기를 좋아하는 기질을 움트게 하는 것이다.

여자 아이는 인형 옷을 꿰매기도 하고, 색종이로 몸단장을 시켜놓고 좋아한다. 똑같은 색종이라도 남자 아이는 비행기나 배를 접어서 논다. 이렇게 놀고 있는 동안 어른이 하는 일을 배우는 준비를 갖추게 된다.

사회 관념도 발달되어 간다. 아이는 처음에 혼자서 놀지만, 머지않아 여럿이 모인 구석에서 놀게 된다. 6세 때는 동무들과 같이 어울려 놀다가 겨루기도 하는데, 언제든지 이기려고만 한다. 지는 것을 싫어하는 것은 다른 아이도 마찬가지이다. 그래서 곧잘 싸움이 벌어진다.

지게 되면 놀이를 그만두지만, 그것은 곧 자기 자신을 벌하는 셈이 된다. 그러나 결국은 동무들과 같이 놀고 싶어서 다시 어울리는데, 이번에 또 지게 되면 먼저처럼 분하게는 생각하지 않는다.

이리하여 어느 정도 자제력을 기르게 되어 사회 생활에 대한 마음가짐을 갖춘다.

유희는 이처럼 아동의 생활에서 가장 소중한 것이며, 기쁨을 바라는 아이를 발달시키는 강한 원동력이 된다. 그러므로 어른들이 근무 시간에 잠시 틈을 이용해서 기분을 푸는 것과는 전혀 다르다.

그런데 어른들은 이런저런 이유를 들어 아이들의 유희를 방해하고 억누르려고만 한다.

아이들은 무엇이든지 하고 싶어한다. 아빠와 엄마가 하는 일을 직접 해보고 싶은 것이다. 이런 아이들의 활동욕을 대부분의 어른들은 무시하고 억압하려고만 한다. 아이의 솜씨를 잠깐 시험해 보기만 해도 아이에게 발달과 기쁨을 줄 수 있는 법인데……

어쨌든 어른은 아동 생활에 있어서 유희가 얼마나 중요한 위치를 차지하고 있는가를 더한층 이해할 필요가 있다.

5. 쾌감을 바라며

두뇌의 기쁨인 호기심을 채우고, 마음의 기쁨인 침착성과 안정감을 주며, 유희에 있어서의 독창적 자기 표현, 체력적인 자신감의 기쁨말고도 아이의 쾌락 욕구는 더욱 물질적인 형태를 지니게 된다. 이것은 먹는 즐거움과 육감을 말한다.

남자 아이들 중에는 과식을 하는 아이가 많다. 또 맛이 있는 과자라면 한없이 먹는 아이도 있다. 식욕이 없어서―이것은 감정적 원인에 의해서 오는 수가 많다―조금밖에 먹지 못하고, 모두가 맛있다고 하는 음식이나 간식에도 손을 대지 않는―이것은 위장이나 체력이 쇠약하기 때문인 경우가 많다―아이도 간혹 있지만, 거의 대부분의 아이는 단것을 좋아한다.

식탁에서는 그다지 먹지 않으면서 과자라면 욕심껏 먹어 치운다. 아이들의 도둑질은 대개가 단것을 훔치는 일이다.

어머니는 이렇게 많이 먹는 버릇을 보고만 있어서는 안 된다. 간식을 주지 말라는 뜻은 아니지만, 편식시키는 습관을 길러 주어서는 해롭다. 가정 교육을 버릇없이 해서는 안 되는 것처럼 입도 버릇없이 길러서는 안 된다. 버릇없는 식생활은 곧잘 소화 불량을 일으키게 하여 건강을 해친다. 그러므로 고른 영양 섭취의 습관을 길러 주어야 한다.

바람직한 인간으로 성장하기 위해서는 마음과 몸이 다같이 절제를 지킬 필요가 있다. 아이에게 자제력을 갖도록 하려면 어느 정도 음식에 대한 욕심을 금하는 것이 좋다.

성욕에 관해서는 앞에서 말한 바 있기 때문에 이쯤 해 둔다.

성격 발달상의 큰 장애—비뚤어진 마음

열등감과 비뚤어진 감정과는 구별해서 생각할 필요가 있다.

열등감은 자신의 직감, 자기 능력의 건전한 자각인 경우가 많다. 자기 능력의 한계를 인정하는만큼 자기 능력을 발전시키고자 하는 노력이 따르게 된다. 그러므로 이런 열등감은 그 사람의 성장과 발전에 유익한 것이다.

그러나 열등감으로 인하여 비뚤어진 마음을 갖게 되는 경우 또한 적지 않다. 비뚤어진 감정을 가진 사람은 실력 이상의 야심을 품고, 그 야망을 반사회적으로 실현코자 한다.

그러므로 건전한 것이 아닌 신경질적인 심리 상태인데, 신분에 합당치 않거나 야심에 실패하게 되면 곧바로 실망 속에 잠기게 된다.

이 실패를 회복하려고 무리한 반사회적인 욕구를 충족하려 하게 된다. 그것은 질투, 이기심, 노여움, 게으름, 꾀병,

거짓말, 도둑질, 음주, 반역심, 냉혹함 따위를 유발시킨다.

열등감은 지극히 인간적인 것이다. 동물은 두려움을 알고 있지만, 능력이 남보다 뒤떨어지는 것은 모른다. 열등감은 남과 자기를 비교하는 데서 싹트기 시작하여 뿌리를 내리게 되는 것이다.

아이들은 모두가 열등감을 지니고 있다고 해도 과언은 아니다. 지성에 눈뜨게 되면 곧 어른에 비해 지식이나 체력이 뒤떨어진 것을 알게 된다. 게다가 어른이 도와주지 않으면 안 되는 것 투성이다.

학교에 들어가게 되면 남하고 비교하는 범위가 훨씬 넓어진다. 용모와 체력의 차이, 의복과 학용품, 성적의 우열 등 무엇이든 비교하게 된다. 또 사회 계층이 다르다는 것도 알게 된다. 어떤 아이는 날마다 어머니가 학교에 나오기도 하며, 또 어떤 아이는 아빠의 승용차를 타고 등교하기도 한다.

부모는 이것저것 자기 아이를 다른 집 아이와 비교해 보는데, 항상 결점만 눈에 띄기 쉽다. 자기 자녀만 자랑하는 부모도 있지만, 이 점에 관해서는 여기서 다루지 않겠다.

"아무개를 본받아라."

"누나는 어김없이 숙제를 한다."

이렇게 비교해서 타이르는 경우가 많다. 특히 성적이 좋고 나쁜 것을 형제 자매와 비교하여 공부를 못하는 아이를 꾸짖는 것은 좋은 방법이 아니다.

"형은 전부 만점을 받았다. 그런데 너는 만점이 하나도 없다. 왜 형처럼 하지 못하느냐."

누군가와 비교하여 자녀를 꾸짖는 부모는 잠시 자기 자신을 생각해 보는 것이 좋다. 만일 자녀가 이렇게 반문하면 어떻게 대답할 것인가.

"아무개 아버지는 돈도 많고 지위도 높은데, 아버지는 어째서 아무개 아버지처럼 되지 못했습니까?"

적성이 다르니까 점수가 틀리는 것도 당연하다. 오히려 그 아이의 1학기와 2학기, 그리고 그 아이가 잘하는 과목의 성적을 비교해 보는 것이 바람직할 것이다.

학교에 다니는 아이는 금세 스스로의 결점을 깨닫는다. 매일 급우들과 비교되기 때문에 자신의 처지를 바로 알 수 있는 것이다. 그런데 부모는 아이 스스로가 열등감을 느끼고 있는 것을 자꾸 지적하며 꾸짖는다. 부모의 입장에서는 보다 잘하라고 하는 말이지만, 듣는 아이의 입장에서는 모욕이다.

사람의 심리란 이상하다. 못한다, 못한다 하면 역시 못한다. 반면에 잘한다, 잘한다 하면 역시 잘한다. 그래서 아동 교육에 있어서 질책보다 칭찬이 훨씬 효과적이다.

사람은 저마다 적성을 가지고 있다. 자기의 적성에 맞는 일은 시키지 않아도 잘한다. 공부는 못해도 운동을 잘하는 사람이 있고, 그림을 잘 그리는 사람이 있고, 손재주가 좋은 사람도 있다. 공부에 적성이 맞지 않은 아이에게 부모가 아무리 공부하라고 노래를 불러도 성적은 향상되지 않는다. 오히려 열등감과 적개심만 키워줄 뿐이다.

그러므로 부모되는 사람은 자녀의 적성에 맞는 교육을 시켜야 한다. 운동을 좋아하는 아이에겐 운동을 시키고, 음악에 소질이 있는 아이에겐 음악을 시켜야 한다. 정녕 무엇인가에 소질이나 취미가 없다면 무리하게 그것을 잘하도록 요구해서는 안 된다.

적성에 맞지 않는 것, 소질이나 취미가 없는 것을 잘하도록 강요당하는 아이는 비뚤어진 열등감을 갖게 된다.

누가 뭐라해도 비뚤어진 감정은 해로운 것이다. 활동적인 아이는 비뚤어진 감정 때문에 반항적 태도를 취하며, 덮어놓고 남을 시기한다.

혁명가들 중에는 순수한 마음으로 사회 정의를 위해 운동하기 보다는 비뚤어진 감정에서 움직이는 사람이 많다. 그들은 어떤 열등감 때문에 국가와 사회에 불만을 품고 기존의 질서를 파괴하려고 한다.

비뚤어진 열등감을 지닌 사람은 신경이 유난히 예민하다. 사소한 일에도 참지 못한다. 화를 잘내고 무턱대고 반항하려 하며 변덕이 심하다. 그것은 자기의 온전한 가치관과 신념이 결여되어 있기 때문이다.

지혜롭고 현명한 교육자는 피교육자의 장점 및 적성을 잘 파악하고, 거기에 알맞는 교육을 실시한다. 그러나 몰지각하고 우둔한 사람은 결점만을 꼬투리잡고 끊임없이 질책한다.

자녀에게 올바른 인생관을 갖게 하려면 남과 비교하여 평가하는 습관을 완전히 버려야 한다. 형은 형이고, 동생은 동생이다. 형과 동생을 비교하는 것은 무의미하며, 다른 누구와 비교하는 것도 문제가 있다. 어디까지나 자신이 자신의 경쟁 상대가 되도록 교육시키는 것이 현명하다. 어제에 비하여 오늘이 낫다면 그것은 훌륭하다고 칭찬할 일이다.

어떠한 경우라도 자녀의 앞날에 대하여 불길한 예언을 하지 않는 것이 바람직하며, 아이에게 자신감을 회복시켜주는 것이 가장 좋은 방법이다.

결 점

부모가 희망하는 대로 완전한 아이는 없다. 다만 손님 앞에서는 완전한 아이처럼 자랑하기도 하는데, 실은 그렇지도 않다.

가장 완전하고 얌전한 아이라면 오히려 장래가 걱정된다. 정말로 우아하고 침착하며 언제나 차분하며 영리하다면 내분비(內分泌)에 결함이 있는 것이므로 의사의 진찰을 받는 것이 좋다.

아이가 너무 얌전한 것은 정상이 아니다. 아이의 성질은 얌전하게 되어 있지 않다. 4, 5세 때에는 좋고 나쁜 것을 구별하지 못하고 자제력도 전혀 없다.

그러므로 항상 몸을 움직이고 물건을 만지며, 이르는 말을 듣지 않아야만 정상이다. 또 이런 장난꾸러기의 장래가 —교육만 잘 시킨다면— 얌전한 아이의 앞날보다는 훨씬 유망하다. 아이에게 결점이 있고, 장난이 심해도 크게 걱정할 필요는 없다. 다만 그 버릇만 고쳐주면 된다.

타진(打診)과 치료

아이의 결점에 관해서는 우선 그것이 어떤 형태로 나타나는가를 확실히 파악해야 한다. 이것은 의외로 쉬운 일인데, 항상 아이와 접촉하고 있는 어머니는 바로 알 수 있다.

제2단계는 결점의 참원인을 찾아야 한다. 이것은 훨씬 어려운 일이다. 부모는 아이의 버릇을 발견하게 되면 호의로 넘기든가 아니면 나쁜 아이라고 단정하려 한다.

"너는 거짓말쟁이다."

"너무 겁쟁이다."

따위로 꾸짖는다. 그러나 이런 경솔한 단정을 내리기 전에 더욱더 진상을 잘 살펴봐야 한다. 좀더 그 아이의 거동을 자세히 관찰해서 정확한 원인을 찾아내지 않으면 안 된다.

그 아이가 정말로 거짓이라는 것을 알면서 거짓말을 했는지 어떤지를 알아봐야 한다.

3, 4세 정도의 아이라면 꿈과 현실을 혼동하고 있는지도 모른다. 이 나이 무렵의 아이는 밤에 악몽에 시달리다 잠결에 일어나 얼이 빠져 있는 일도 있다. 또 어쩌다가 마주치는 사건에 무심코 책에서 얻어 낸 강렬한 인상을 덧붙이는 경우도 있을 것이다.

어쨌든 아이는 착각하는 일은 있어도 거짓말은 하지 않는다. 상상력이 왕성해 주관과 객관적 현실을 혼동하기 쉽다.

하고 싶어 못견디는 일을 이미 끝난 것처럼 말을 퍼뜨리는 수도 있다.

"이모한테 곰돌이 인형을 선물로 받았다."

사실은 아직 받지 않았다. 그런데도 인형을 얻고 싶은 간절한 소망이 현실화되어 엉겁결에 이렇게 말해 버리는 수도 있다. 그러므로 아이를 거짓말쟁이라고 부르는 것은 위험한 짓이다.

거짓말을 즐기는 아이가 있다 해도 그것은 극히 드문 일이다. 거짓말은 핑계를 댄다든지 난처한 나머지 어물어물 넘기려는 수단에 불과한 것이지, 결코 즐기기 위한 것은 아니다. 무엇을 발뺌하려는 것인지, 무엇이 잘못되어 거짓말을 하게 되었는지, 그 원인을 찾아내는 것이 교육자의 기량이다.

영식이는 늘 거짓말만 한다고 부모는 한탄하고 있다. 그런데 그 원인을 잘 살펴보면 부모가 너무 엄격하기 때문이다. 어머니는 교양도 있고, 신앙심도 깊은 이상가인데 영식이를 완전한 인격을 지닌 사람으로 키우려 한다.

그러므로 영식이에게 사소한 잘못이 있어도 곧잘 실망하며 낙담한다. 슬픔을 숨기려하지 않고 근심이 있으면 얼굴빛이 달라진다.

"거짓말쟁이 자식은 정말 싫다. 도대체 커서 무엇이 될지 걱정이다."

아버지도 역시 엄격한 사람이다. 수학적인 방법으로 정확하게 잘잘못을 가리고, 그에 합당한 상벌을 내린다.

영식이도 다른 아이와 똑같이 개구쟁이일 뿐이다. 그래서 장난을 하다가 그만 꽃병을 깨뜨린다. 이 경우 영식이는 자기가 꽃병을 깨뜨리지 않았다고 발뺌하게 된다. 왜 그럴까? 거짓말하는 것이 좋아서가 아니라 어머니의 사랑을 잃고 싶지 않기 때문이다.

언젠가 어머니가 "거짓말쟁이 자식은 싫다."고 말한 일이 있었다. 어머니는 이런 말을 한 것을 벌써 잊었지만 영식이의 뇌리에는 아직도 기억하고 있다.

아버지한테 벌받는 것도 이런 잘못을 부인하는 원인이 된다.

여덟 살 먹은 영식이의 이와 같은 태도는 활동적인 기질과 자제력의 부족, 양심이 아직 충분히 눈뜨지 않은 데서 오는 것이다.

그러나 부모 쪽에도 원인이 있다. 어머니의 지나친 이상주의, 아버지의 엄격한 처사가 바로 그것이다.

이런 경우 거짓말을 너무 엄격하게 다루게 되면 또 거짓말을 하게 된다. 이것을 고치려면 먼저 부모의 관점부터 바꾸어야 한다. 영식이의 활동적인 기질을 인정해 주고, 철부지이기 때문에 저지르는 잘못에 대해서는 크게 문제시하지 말아야 한다. 그러면서 자제력과 양심을 깨우쳐주면 곧 거짓말하는 버릇을 고치게 된다.

마음과 몸에 결점이 있으면 우선 그 깊은 원인을 찾아내야 한다. "너는 거짓말쟁이다. 게으름뱅이다."라고 단정하지 말고 아이로 하여금 그렇게 하게끔 만든 깊은 원인을 찾아내지 않으면 안 된다.

원인을 알게 되면 결점을 교정하는 제3단계, 즉 적당한 치료법을 강구하여야 한다.

대체로 교육학과 의학은 비슷한 점이 있다. 하나하나의 잘못을 열이 오르고 내리는 것에 비교할 수 있다. 한두 가지의 잘못이라면 일시적으로 나타나는 열처럼 별로 걱정할 것이 없다. 그러나 계속해서 열이 높게 되면 그 원인을 찾아내어 치료하지 않으면 안 된다.

아이의 결점을 고치려면 반드시 부모의 태도, 성격, 생활양식까지도 개혁할 필요가 있다. 내가 상담을 받을 때는 언제나 아이의 행동에 관한 이야기만 듣게 된다. 그런데 아이에게 문제가 있다고 하기보다는 부모에게 문제가 있는 경우가 훨씬 많았다. 물론 아이는 모든 면에서 완전하지 않다. 아이의 활력은 발달을 촉진시키는 것이나 때로는 과격하게 나타나는 수도 있기 때문에 아이에게 자제력을 길러줄 필요가 있다.

아이의 결점이 완전히 고쳐지는 것은 교육상의 결점 및 부모의 결점이 바로 잡는 것과 때를 같이하여 이루어진다. 완전한 부모가 없는데 완전한 아이가 있을 리가 없다. 이 원칙을 다시 한 번 생각해 보는 것도 보람 있는 일이다.

아이의 도덕 교육

움트는 도덕심

작가 모리악은 그의 소품 〈딸의 교육〉에서 다음과 같은 말을 하고 있다.

"부모로서 가장 중요한 것은 아이의 건강이다. 너는 땀에 흠뻑 젖었구나. 빨리 물을 마시도록 해라. 열이 많이 나는 모양이다. 어디 체온을 재보자."

부모님이 손을 이마에 대보기도 하고, 또 등을 쓰다듬으며 약을 먹여 주었던 어릴 때의 기억이 아직도 생생하게 남아 있는 사람이 많을 것이다.

아이는 우선 몸이 건강하고, 그 다음에 가정 교육이 잘 되어 있어야 한다.

참다운 교육자라면 예절 교육과 정신 교육을 병행해야 한다. 진실한 교육자라면 자신이 맡은 아이에게 세상에서 진실로 소중한 것을 성심 성의껏 가르쳐야 한다.

아이의 교육은 소중하기 때문에 여기에 아이의 도덕심이 어떻게 움터서 발달해 나가는가를 설명하려 한다.

아이는 태어나서 몇 해 동안은 전혀 도덕심을 갖고 있지 않다. 아이는 본능적인 충동에 따라 살아갈 뿐이며, 자제력은 전혀 없다. 혼자 있도록 내버려 두면 제멋대로 행동한다. 남의 것을 모두 차지하고, 좋아하는 것은 무엇이든지 움켜잡으며, 맛있는 것은 모두 입으로 가져간다. 타고난 충동이 그렇게 하게끔 하는 것이다.

대다수의 사람들은 자기가 편리한 대로 아이를 길들이는데, 특히 어머니는 더욱 그러하다. 장난하는 일을 멈추게 하기 위해 얼굴을 찡그리기도 하고, 손가락을 내밀기도 한다. 아이가 엄마 뜻대로 하게 되면 미소를 지으면서 만족감을 나타낸다.

어쨌든 이와 같이 해서 아이에게 도덕심의 주춧돌을 놓아 주는 것이다. 어머니를 비롯하여 가족 모두의 반응을 보고 아이는 가치를 재는 법을 터득한다. 이래서 찬성해 주는 행동과 꾸지람 듣는 행동을 구별하게 된다.

그런데 아이가 가장 바라는 것은 마음의 안정을 보장받는 것과 모든 쾌적감과 기쁨의 근원인 어머니의 사랑이다. 아무리 욕심나는 것도 엄마에게 혼날 것 같으면 단념하게 되고, 싫은 일도 엄마가 좋아하면 해치운다.

6개월 정도 된 아이에게는 엄마의 애정이 중요한 자리를 차지한다. 그것은 도덕 교육의 토대를 이룩하는데 필요한 것이며, 또 도움을 주는 도구이기도 하다. 이 애정에 의한 가정 교육에 의하여 아이도 해서는 안 되는 행동과 하도록 권하는 행동이 있다는 것을 알게 된다. 이 두 가지는 인간 행동의 최초의 분류이기 때문에 대단히 중요하다.

아이의 성격을 연마하는데 어머니의 일시적인 기분으로 해서는 안 된다. 어머니가 허용되는 일과 금지 사항을 끊임없이 변경시키면 아이는 갈피를 못잡는다. 무엇이 좋고 무엇이 나쁜지를 모르게 된다.

또 어머니는 칭찬하거나 꾸지람을 할 때도 사회 습관상 인정하지 않는 일과 도덕률에 위배되는 일을 분명히 구별해야 한다. 아이는 어머니의 처벌 여하에 따라 도덕적 판단의 첫걸음을 배우게 되는 것이다.

아직 아장아장 걸어다닐 무렵, 어머니가 타이르는 말의 뜻을 모르는 어린 아이라도 도덕 교육은 좋은 습관을 몸에 지니게 만든다. 이런 단련은 다만 어떤 행동을 쉽게 반복할 수 있는 효과를 갖게할 뿐이다.

그러나 아이의 두뇌는 모르는 사이에 엄마를 기쁘게 해주기 위한 착한 행동과 나쁜 행동의 내용적 분류를 할 수 있을 뿐 아니라 장래의 의무감도 움트게 된다.

처음에는 다만 습관적으로 하고 있던 행동을 차차 착한 행동으로써 추구하게 되는데, 이런 진화는 잘 알려져 있다.

아이는 형식화하는 것을 좋아한다. 그렇기 때문에 태도의 틀을 바꿔주지 않으면 그 틀이 고정화되기 십상이다.

3세 무렵의 아이는 어느 정도 지혜가 자라나 있다. 그리고 활동력이 왕성하기 때문에 제멋대로 행동하려 한다.

이 무렵의 아이는 어느 정도 말뜻을 알게 되므로 도덕 교육을 강화시키는 것이 좋다.

그리고 3, 4세가 되면 상과 벌을 줄 수 있는 나이가 된다.

상이나 벌을 줄 때는 앞에서 말한 주의 사항을 꼭 지켜주었으면 한다.

이때는 아이가 지적 능력도 어느 정도 지니고 있으므로 더욱더 조심할 필요가 있다. 어른들은 아이의 심리 상태에 알맞은 교육 방법을 취하면서 아이의 반응을 관찰해야 한다. 주의할 것은 아무리 힘이 들어도 결점 그 자체의 원인을 파악하지 않으면 안 된다.

그런데 이처럼 현명한 어른은 그리 많지 않다. 가령 아이가 그릇을 깨뜨리게 되면 험악한 얼굴을 하고 화를 내는 어머니도 많다. 그 자리에서 말을 듣지 않을 때는 꾸짖는 것이 좋다. 그러나 아직 자제력이 없기 때문에 물건을 깨뜨린 책임을 아이에게 지울 수는 없다. 또 한편 아이가 그릇을 깨뜨리고서 익살을 부리게 되면, 어머니도 그만 따라서 웃게 된다. 이렇게 되면 아이의 도덕적 판단은 빗나가게 된다.

또한 결점만 꾸짖어야지, 기분 전환을 위해 떠드는 것을 야단쳐서는 안 된다. 노력하지도 않는데 칭찬해 주는 것도 잘못이다. 실제로 노력하는지 어떤지를 알고나서 상과 벌을 주는 것이 이상적이다.

▓ 역자 후기

이 책은 Pierre Dufoyer 가 지은 《 Láme enfantine expli-
guée aux mamans 》를 완역한 것이다.

지은이 듀포 와이어는 의사이며 심리학자이다.

우리 나라에서는 특히 가정 교육이 약하고, 게다가 종교
적 감화력도 약하므로 아동이나 청소년 교육은 전부 학교에
일임해 버리는 경향이 있다.

그러나 학교 교육은 사회 및 가정 교육과 더불어서야 비
로소 효과가 있는 것이다. 더구나 오늘날처럼 사회적 환경
이 매우 비교육적인 만큼 더욱 가정 교육은 먼저 아동, 아니
젖먹이 적부터 착수해야 하며, 현재는 5세 미만의 교육이 특
히 강조되고 있을 정도이다.

이런 뜻으로 5세에서 13세쯤의 아이를 가진 부모는 이 책
에서 아동 심리와 아동의 성(性)교육에 대해 많은 것을 배우
게 되는 동시에 그 구체적인 교육 방법을 터득하게 될 것으
로 믿어 마지않는다.

이 책은 파리에서 발행된 지 불과 1년 동안에 100만 부 이
상이 팔린 초베스트셀러이다.

자녀들의 인생을 지도하는 것에 대한 책은 이미 많이 나
와 있다. 어떤 책은 일반적인 충고를 하고 있는 것도 있다.

그러나 부모로서는 이 충고를 실제로 적용하려면 어떻게
해야 할 것인가, 하는 점이 가장 어렵다. 더러는 구체적 지
시를 해준 책도 있지만, 대개 청소년을 어떻게 해야 하는가

하는 것을 쓴 책뿐이지, 이 책처럼 어린이[幼少年]에 대하여 자세하게 쓴 것은 없다.

모든 충고를 해주는 데도 단계적으로 기술했다. 우선 아이의 나이와 발달 정도를 고려해서 설명했다. 설명도 차츰 자세하게, 또한 남자 아이와 여자 아이를 구분하고 있다.

특히 이 책은 본문을 그대로 인용할 수 있도록 하기 위해 제2부에서는 구체적인 사례를 제시하고 있다. 또한 설명도 남자 아이 부분에는 있고 여자 아이 부분에는 없는—그 반대의 경우도 있다.—것이 있다. 이와 같이 설명을 이중으로 하고 있으므로 부모는 각각의 경우에 어느 쪽이든 적당한 것을 선택할 수도 있으며, 약간 손질할 수 있는 편리까지 주고 있다.

100만 부 이상이나 팔린 이유가 이런 데에 있는 것 같다.

엄마가 알려주는
성교육 아동심리

2007년 11월 10일 / 1판 1쇄 인쇄
2007년 11월 15일 / 1판 1쇄 발행
2015년   3월 31일 / 2판 1쇄 발행
2015년 11월10일 / 3판 1쇄 발행

글쓴이 ｜ P. 듀포 와이어
옮긴이 ｜ 장 명 훈
펴낸이 ｜ 김 용 성
펴낸곳 ｜ **지성문화사**
등 록 ｜ 제5-14호(1976.10.21)
주 소 ｜ 서울 동대문구 신설동 117-8 에일빌딩
전 화 ｜ 02)2236-0654 , 2233-5554
팩 스 ｜ 02)2236-0655 , 2236-2953

정가 12,000원